Cet ouvrage est imprimé sur papier couché sans bois demi-mat se caractérisant par 60 % de fibres recyclées et 40 % de fibres vierges FSC.

L'armée de l'air a adopté une attitude responsable dans le domaine du développement durable :
Toutes les bases aériennes mènent quotidiennement des actions concrètes de protection de la nature, de maîtrise des pollutions et des consommations d'énergie ainsi que de réduction des gènes sonores. Certaines initiatives de plus grande ampleur préfigurent ce que sera l'armée de l'air de demain : réaménagement de la base de Dijon pour favoriser l'usage du vélo, réhabilitation de la base d'Orléans dans un esprit de développement durable ou encore projet de construction d'une ferme photovoltaïque de 60 hectares sur la base d'Istres.

75 ANS
ARMÉE DE L'AIR
1934 – 2009

L'ARMÉE DE L'AIR
Arrêt sur images

Service historique de la Défense

Service d'information et de relations publiques de l'armée de l'air

LOI FIXANT L'ORGANISATION GÉNÉRALE DE L'ARMÉE DE L'AIR

Le Sénat et la Chambre des Députés ont adopté.
Le Président de la République promulgue la loi dont la teneur suit:

DISPOSITIONS GÉNÉRALES

ART. PREMIER - L'Armée de l'Air comprend des formations aériennes stationnées dans la métropole et des formations aériennes stationnées outre-mer.

ART. 2 - Un Conseil supérieur de l'Air fonctionne comme organe consultatif et d'études auprès du ministre de l'Air qui en est président de droit. (...)

ORGANISATION EN TEMPS DE PAIX

ART. 3 - L'Armée de l'Air comprend en temps de paix:

a) Des organes de commandement et des états-majors;
b) Des corps de groupe et formations administrées comme tels;
c) Des organes d'études et d'expériences;
d) Des écoles;
e) Des établissements et, éventuellement, des organes d'administration;
f) Des centres de mobilisation.

ART. 4 - L'Armée de l'Air est organisée de façon à permettre la préparation de la totalité des formations:

Soit aux opérations aériennes;
Soit aux opérations combinées avec les armées de Terre et de Mer;
Soit à la défense aérienne du territoire. (...)

ART. 5 - L'organisation générale de l'Armée de l'Air est fondée sur une division territoriale en régions aériennes, dont le tracé est fixé par décret. (...)

La présente Loi délibérée et adoptée par le Sénat et la Chambre
des Députés sera exécutée comme Loi de l'État.

Fait à PARIS, le 2 juillet 1934

Albert LEBRUN

Par le Président de la République:

LE MINISTRE DE L'AIR
Général DENAIN

LE MINISTRE DE LA MARINE,
François PIETRI

LE MINISTRE DE LA GUERRE,
Ph. PÉTAIN

LE MINISTRE DES COLONIES,
Pierre LAVAL

savignac
POUR UN NAVIGANT
56 SPECIALISTES
ARMÉE DE L'AIR
RENSEIGNEMENTS: C.E.A.A. 12/VILLACOUBLAY-AIR 78.129

PRÉFACE

Les aviateurs ont la réputation de se projeter plus aisément dans l'avenir que de disserter sur les choses du passé. Déformation professionnelle, dira-t-on, pour des hommes plongés dans l'action ! La vitesse des aéronefs nécessite d'anticiper les événements pour être prêts à y faire face. Les futurs progrès technologiques doivent être pensés pour être mieux appréhendés et pouvoir maintenir les performances des systèmes d'arme. Certaines occasions donnent néanmoins l'opportunité de nuancer cette image. Nous fêtons cette année le 75e anniversaire de la promulgation de la loi n° 1934-07-02 fixant l'organisation générale de l'armée de l'air. Une formulation très solennelle pour signifier que l'armée de l'air volait de ses propres ailes pour la première fois en 1934. Cet anniversaire est une magnifique aubaine que nous saisissons volontiers pour prendre le temps de regarder derrière nous et d'apprécier tout le chemin parcouru. Nombre de souvenirs reviennent alors. Des scènes, des images, des visages qui avaient tendance à devenir de plus en plus flous dans nos mémoires, ressurgissent soudainement. L'envie de les fixer définitivement sur un support pour ne plus les oublier et en profiter durablement est bien entendu très forte.

C'est pourquoi l'armée de l'air a décidé de publier ce magnifique ouvrage, en exploitant une idée simple : illustrer chacune de ces 75 années par trois ou quatre photographies d'époque évoquant l'ambiance qui régnait alors ou illustrant des faits qui ont marqué les contemporains.

Avertissons tout de suite le lecteur ! Cet ouvrage ne vise pas l'exhaustivité et n'a pas pour vocation d'être une encyclopédie illustrée. D'aucuns signaleront avec raison des manques. Marcel Albert apparaît au fil des pages, mais pas Pierre Clostermann. Les exploits de Pierre Le Gloan en 1940 sont soulignés, ceux d'Edmond Marin la Meslée, non ! Des avions comme le Caudron-Renault CR 714 ou le Mirage F1 B manquent à l'appel. Les auteurs ont dû faire des choix préférant parfois valoriser des clichés peu connus mais symboliques ou esthétiques plutôt que d'autres plus fameux, mais aisément disponibles. Je les félicite vivement pour leurs travaux de qualité, comme je remercie chaleureusement tous ceux qui ont participé à la conception de ce livre.

Le lecteur va ainsi pouvoir saisir ce qu'est l'armée de l'air dans toutes ses dimensions. À la manière d'un tableau pointilliste, ces images dessinent les unes après les autres, par petites touches successives, un portrait fidèle de notre institution. Si chaque photographie se suffit à elle-même et raconte sa propre histoire, heureuse ou dramatique, elle participe également à la narration d'une aventure encore plus grande qui magnifie et dépasse le destin de chacun.

Ces instantanés, parfois un peu jaunis, feront, j'en suis sûr, vibrer d'émotion tous ceux qui ont été acteurs, témoins, observateurs ou qui sont simplement passionnés par les événements rapportés. Ils devraient sans aucun doute susciter des vocations auprès des plus jeunes qui désirent rejoindre une institution fière de ses traditions et confiante dans l'avenir.

Je vous souhaite une très bonne lecture.

Le général Stéphane Abrial
chef d'état-major de l'armée de l'air

Le lieutenant Stéphane Abrial, pilote sur Mirage F1 C à l'EC 3/12 « Cornouaille » à Cambrai, en 1978.

AVANT-PROPOS

Près de 14 kilomètres linéaires d'archives : voilà parmi la masse de documents écrits et d'images produits par l'armée de l'air depuis 1934 ce que conserve aujourd'hui le département de l'armée de l'air du Service historique de la Défense, gardien de la mémoire de cette jeune armée et de ceux qui l'ont servie.

Plus d'un cinquième de ces archives sont des photographies, dans une proportion qui fait une des originalités des fonds de l'armée de l'air. À côté des images aériennes, fruit des reconnaissances menées par ses équipages depuis les années trente, en temps de paix comme en période de conflit, on y trouve les reportages de ses photographes, affectés au Sirpa air et sur les bases aériennes, ou opérant parfois à titre privé. Passations de commandement, visites de personnalités, défilés du 14 juillet, entrée en service de nouveaux matériels ou inauguration de nouveaux sites, mais aussi images de guerre et témoignages d'engagements sur des théâtres lointains... : effectués à des fins de communication, ces reportages officiels, qui peuvent parfois sembler anodins, n'en ont pas moins saisi au fil des années le quotidien de l'armée de l'air, son histoire.

C'est donc parmi cette production que le Service historique de la Défense a sélectionné, avec le Service d'information et de relations publiques de l'armée de l'air, quelque 300 images qui invitent le lecteur à revivre soixante-quinze années d'existence de l'armée de l'air vues par elle-même. Depuis la loi d'organisation de 1934 jusqu'à aujourd'hui, quatre grandes périodes se dessinent, jalonnées par la fin de la Deuxième Guerre mondiale et le début de la reconstruction, le retrait d'Algérie et la mise en œuvre de la politique de dissuasion nucléaire, la chute du mur de Berlin et la guerre du Golfe, autant d'événements qui ont profondément marqué l'histoire de l'armée de l'air. Tout en évoquant ces grandes dates, les pages qui suivent illustrent l'évolution de ses missions, de son organisation et de son matériel, les multiples visages de son personnel, ou encore quelques-unes des grandes figures de l'Air.

À l'occasion de ce soixante-quinzième anniversaire, je souhaite que ce florilège d'images soit autant le reflet de la mémoire qu'une contribution à l'écriture de l'histoire de l'armée de l'air.

Le général Gilles Robert
chef du Service historique de la Défense

Un cameraman du Service Cinématographique de l'Air (SCA) est photographié par un de ses collègues pendant l'hiver 1939-1940.

SOMMAIRE

1934...1

DE L'INDÉPENDANCE À L'ÉPREUVE DE LA GU

1963...1

FORCE DE FRAPPE ET OPÉRATIONS EXTÉRIE

Née au début du XXe siècle, l'aéronautique militaire acquiert ses lettres de noblesse pendant la Grande Guerre avant d'être érigée au rang de cinquième arme par la loi du 8 décembre 1922. Il faut cependant attendre le décret du 1er avril 1933, complété par la loi du 2 juillet 1934, pour que l'existence de l'armée de l'air soit définitivement reconnue. Si les responsables politiques et militaires français tentent aussitôt de forger un outil aérien moderne et performant, ils se heurtent aux difficultés économiques dues à la crise de 1929 et à la montée des tensions internationales. Lorsque le conflit éclate en septembre 1939, l'armée de l'air, en dépit de tous ses efforts et du courage de ses équipages, est insuffisamment préparée pour endiguer le flot des armées allemandes. Pour autant, l'armistice signé le 22 juin 1940 ne marque pas la fin des combats pour les aviateurs dont certains rejoignent Londres pour former les Forces aériennes françaises libres. Ces dernières s'illustrent sur tous les fronts tandis que le débarquement allié en Afrique du Nord de novembre 1942 permet leur réunification avec les unités aériennes stationnées sur place. C'est une armée de l'air unie et renaissante qui participe à la libération du territoire national et aux derniers affrontements contre l'Allemagne nazie.

DE L'INDÉPENDA
À L'ÉPREUVE DE

1934,

75 ANS
ARMÉE DE L'AIR
1934 – 2009

NCE
LA GUERRE

.1944

1934

ORGANISATION DE L'ARMÉE DE L'AIR

L'armée de l'air, créée par un décret du 1er avril 1933 qui définit ses missions, est officiellement organisée par la loi du 2 juillet 1934. Son commandement revient provisoirement au général de division aérienne Joseph-Édouard Barès, un des pionniers de l'aéronautique militaire, premier officier d'état-major à obtenir un brevet de pilote en 1911. Après avoir exercé de nombreux commandements, dont celui d'inspecteur général de l'aéronautique en 1929, le général Barès dirige la nouvelle armée de l'air pendant quelques mois, jusqu'à sa limite d'âge, en septembre 1934. Le commandement revient alors au général Victor Denain, qui cumule les fonctions de ministre de l'air et de chef d'état-major général de l'armée de l'air.

Premier chasseur moderne à aile basse cantilever, de construction entièrement métallique et armé de quatre mitrailleuses, le prototype du Dewoitine 500 est issu du programme des chasseurs C1 (monoplaces) de 1930. Il vole en juin 1932, mais les premiers avions destinés à l'armée de l'air ne sont livrés qu'à la fin de 1934. L'ère des biplans de chasse est révolue. L'appareil est particulièrement maniable ; il est équipé d'un poste de radio, d'une grille de visée et sa vitesse maximale dépasse les 360 km/h.

Des Bloch 200 de la 31e escadre de bombardement lors d'une escale sur le terrain de Buc (Yvelines). Ce bimoteur, qui entre en production en 1934, résulte d'un programme de bombardiers quadriplaces gros porteurs de 1932. Équipé d'une soute pouvant emporter 1 200 kg de bombes, il est défendu par trois postes de mitrailleurs, dont un ventral, et croise à 250 km/h. Ses faibles performances limitent les commandes de l'armée de l'air à 208 appareils, dont 20 vendus à la Tchécoslovaquie. Après quelques missions nocturnes de largage de tracts et de bombardement sur l'Allemagne, il est rapidement retiré du service à la fin de l'année 1939.

Le Dewoitine 501 C1 entre quant à lui en service en 1935. L'armement est renforcé par un canon Hispano HS 9 de 20 mm tirant au travers de l'arbre porte-hélice. Cet appareil du groupe de chasse II/2, basé à La Salanque, survole le littoral méditerranéen en 1937 ; la mouette de la SPA 57, insigne de tradition hérité de la Grande Guerre, est peinte sur la bande tricolore oblique du fuselage. On estime à 381 le nombre de Dewoitine 500, 501 et 510 construits pour l'armée de l'air, dont vingt avions cédés à la Chine et à l'Espagne républicaine.

1935

CRÉATION DE L'ÉCOLE DE L'AIR

Le célèbre bâtiment des études (BDE) de l'École de l'air en construction, en 1937. L'École de l'air, créée en 1933, voit son existence consacrée par le décret du 2 septembre 1938. Elle reçoit en février 1939 son drapeau des mains du général Joseph Vuillemin, chef d'état-major de l'armée de l'air.

La création de l'École de l'air, dont les bâtiments sortent de terre à Salon-de-Provence en 1935, marque la volonté de l'état-major de l'armée de l'air de former ses propres cadres, dont les missions ne correspondent plus à l'enseignement des prestigieuses écoles de Saint-Cyr et de Polytechnique. Les élèves des promotions de 1935-1936 sont toujours accueillis aux Petites Écuries à Versailles. L'instruction en vol débute après l'édification des premiers baraquements à Salon-de-Provence : ici, des élèves pilotes prennent connaissance des conditions météorologiques avant un vol local.

Rendu célèbre par la perfection de ses figures d'acrobatie aérienne dans les meetings des années trente, baptisé par le public *Prince de la voltige*, le capitaine de réserve Michel Détroyat effectue, en août 1935, les essais en vol du prototype du Morane-Saulnier 405 C1, à Villacoublay.

Prédécesseur du Morane-Saulnier 406 C1, le MS 405 est le premier chasseur à train d'atterrissage escamotable de l'armée de l'air. L'armement de ces deux appareils est composé d'un canon axial de 20 mm et de deux mitrailleuses légères, mais son moteur Hispano-Suiza 12Y-31 de 860 ch ne lui permet pas de dépasser la vitesse maximale de 470 km/h. Cet appareil, très maniable dans le plan horizontal, constitue le fer de lance de la chasse française à la déclaration de guerre. 1 081 exemplaires sont livrés à l'armée de l'air avant l'armistice signé le 22 juin 1940.

1936

DE LA PATROUILLE D'ÉTAMPES À LA PAF

Issu de la promotion 1924 de l'école de Versailles le capitaine Édouard Amouroux est instructeur à l'école de perfectionnement au pilotage d'Étampes lorsqu'il constitue la première patrouille de démonstration acrobatique militaire en 1931. Assisté par les adjudants-chefs Dumas et Carlier, il multiplie les exhibitions aériennes en formation serrée, suscitant l'enthousiasme du public à chaque manifestation. Désigné pour représenter l'aéronautique militaire française en 1932 au meeting international de Zürich, il y remporte le concours de virtuosité aux commandes d'un Morane-Saulnier 230. Affecté en 1933 en Indochine, puis revenu en 1935 comme pilote d'essais à Villacoublay, il participe jusqu'à la déclaration de guerre à la mise au point de nombreux prototypes d'avions militaires. Sa désormais célèbre patrouille d'Étampes est confiée au lieutenant Pierre Fleurquin.

Le Potez 630, qui effectue son premier vol le 25 avril 1936, doit remplir trois missions : intercepteur biplace de jour, avion triplace de commandement à la chasse (PC volant) et chasseur de nuit biplace. Motorisé par deux Gnôme et Rhône 14M de 700 ch, cet appareil rapide s'acquitte bien des missions qui lui sont confiées, hormis celle de commandement à la chasse. L'avion saisi ici lors d'un vol de réception est un P. 631 destiné à la 13e escadre de chasse de nuit. Une version de reconnaissance au nez entièrement vitré est également développée : c'est le Potez 63-11, dont 850 exemplaires sont livrés aux GAO et GAR et dont les équipages s'illustrent pendant la Bataille de France en 1940.

Le lieutenant Pierre Fleurquin devant son Morane-Saulnier 225 peint en gris métallisé et bleu nuit. L'insigne de l'école de perfectionnement au pilotage d'Étampes, un entrelacs des lettres blanches EPPE sur un triangle inversé bleu foncé, figure sur le haut de la dérive. Ovationnée lors de nombreux meetings jusqu'à la dissolution de l'école d'Étampes en 1937, la patrouille est transférée à Salon-de-Provence et prend le nom officiel de patrouille de l'École de l'air. Elle est, avec la patrouille de Dijon du commandant Weiser, l'ancêtre de l'actuelle *Patrouille de France*.

Impeccablement groupés après une ressource, les cinq Morane-Saulnier 225 de la patrouille d'Étampes filent dans le grondement de leur moteur Gnôme-Rhône de 500 ch devant une foule admirative lors d'un meeting, en 1936. Le lieutenant Pierre Fleurquin écrit en 1938 dans la revue de l'armée de l'air : « *La voltige, en affrontant tous les cas de vol, en exploitant toutes les conditions, même mauvaises, donne à celui qui la pratique un sens de l'air et des possibilités de l'avion que tout autre pilote, aussi expérimenté soit-il, n'acquerra jamais.* »

NAISSANCE DU PARACHUTISME MILITAIRE ET DE L'INFANTERIE DE L'AIR

Frédéric Geille intègre l'aéronautique militaire en 1917 où il se distingue rapidement. Nommé capitaine en 1927, il est envoyé en Union Soviétique en 1935 pour suivre un stage de parachutisme. De retour en France en 1935, il convainc l'état-major de l'utilité d'un corps de parachutistes de combat pour neutraliser des points névralgiques en cas de conflit et forme son premier centre d'instruction en Avignon. Des résultats encourageants entraînent la création à Reims, le 1er avril 1937, du 601e groupement d'infanterie de l'air, première unité française du genre. Une seconde unité, le 602e GIA, est constituée en Algérie. Du fait de sa qualification de chasseur, le commandant Geille participe à la Bataille de France en 1940 avant d'être abattu et grièvement brûlé le 13 juin 1940. À peine rétabli, il est affecté au GC III/6 pendant les combats sur la Syrie en 1941, puis prend le commandement du 1er régiment de parachutistes à Fez le 1er juillet 1943. La tactique qu'il développe pendant la guerre fait de lui l'inventeur des actuels chuteurs opérationnels.

Des parachutistes du 602e groupement de l'infanterie de l'air posent devant leur Potez 650 en Algérie en 1938. L'insigne de l'unité est peint sur la porte d'embarquement des avions. Malgré l'excellence de leur préparation, les parachutistes de l'infanterie de l'air ne sont pas engagés pendant la Bataille de France en 1940, faute de cibles clairement désignées sur un front trop mouvant.

Un soldat de la nouvelle infanterie de l'air saute d'un Lioré et Olivier 20. Il s'agit ici d'un saut d'entraînement, avec parachute ventral et dorsal, sans armement.

1938

DES PLANS D'ARMEMENT POUR L'ARMÉE DE

En 1938, alors que les usines aéronautiques redoublent d'activité pour produire les avions de chasse et de bombardement modernes définis par le plan V, les 32e, 34e et 38e escadres de bombardement utilisent encore les rustiques bimoteurs Amiot 143. Cet avion, commandé en novembre 1933, résulte du programme de multiplaces de combat BCR (bombardement, combat, reconnaissance). Il peut emporter de 900 à 1 600 kg de bombes à 600 km de son aérodrome de départ. Ses réservoirs mal protégés, sa lenteur – 270 km/h – et son armement défensif trop faible, incitent l'état-major de l'armée de l'air à procéder au retrait progressif des 138 Amiot 143 livrés aux unités de première ligne. Lors de la percée allemande sur Sedan en mai 1940, les derniers groupes de bombardement équipés de cet avion sont brièvement engagés dans de périlleuses missions diurnes. La *Flak* et la chasse allemande leur infligent de lourdes pertes.

À quelques semaines des accords de Munich, le général Joseph Vuillemin accepte l'invitation des généraux de la Luftwaffe Erhard Milch et Ernst Udet à visiter les usines d'aviation allemandes. Le chef d'état-major de l'armée de l'air choisit le plus moderne des prototypes de bombardiers français pour ce voyage officiel en Allemagne. Cet Amiot 340-01, encore en expérimentation, peut atteindre 480 km/h à 5000 mètres d'altitude. Dans cette période de grande tension internationale, la guerre des images bat son plein : l'équipage et ses passagers de marque posent en tenue de vol blanche devant le prototype avant leur départ pour Berlin, le 16 août 1938. De gauche à droite : André Vigroux, commandant Gilbert Petitjean-Roger, commandant Maurice Rossi (pilote de l'Amiot) et le général Joseph Vuillemin. À droite, l'ambassadeur d'Allemagne, le comte von Welczeck, et son attaché de l'air.

Le général Ernst Udet, responsable des programmes de la Luftwaffe, fait les honneurs des usines Messerschmitt d'Augsburg aux membres de la délégation française. De gauche à droite : le général Joseph Vuillemin, chef d'état-major, le général François d'Astier de la Vigerie, les généraux allemands Erhard Milch et Ernst Udet, le lieutenant-colonel Jean-Baptiste Morraglia. À la suite de cette visite dans diverses usines allemandes, le plan V renforcé par le ministre de l'air Guy La Chambre, en novembre 1938, porte désormais sur 4821 avions, principalement des chasseurs monoplaces Morane-Saulnier 406 et Bloch 151.

LA « DRÔLE DE GUERRE »

Durant les huit mois séparant la déclaration de guerre de la percée soudaine du front par les troupes allemandes traversant les Ardennes belges le 10 mai 1940, les troupes massées dans les lignes fortifiées sur les frontières s'observent. Pendant cette « drôle de guerre », le conflit est pourtant bien réel dans le ciel. Les chasseurs allemands tentent souvent d'intercepter les avions de reconnaissance de l'armée de l'air et se heurtent à leur chasse d'escorte. Le premier grand combat aérien entre chasseurs se déroule le dimanche 6 novembre 1939. Mis en alerte sur le terrain de Toul-Croix-de-Metz, les pilotes de Curtiss H-75 du GC II/5 sont appelés à assurer la protection d'un Potez 63-11 de reconnaissance du GR II/22 à 6000 mètres d'altitude au-dessus de la Sarre. Sur l'ultime photo avant le décollage, de gauche à droite : les sergents-chefs Édouard Salès, Georges Lefol et Henri Angiolini, l'adjudant Georges Gras et le sous-lieutenant Pierre Houzé, qui commande le dispositif.

La presse s'empare de ce succès et en fait ses gros titres. Dans son numéro 73 du 23 novembre 1939, la revue *Match* y consacre six pages avec un titre triomphal : « *9 contre 27, la première grande victoire française dans le ciel* ». Deux Curtiss du GC II/5 sont toutefois endommagés dans le combat. L'avion du sous-lieutenant Pierre Houzé porte de nombreuses traces d'impacts et le sous-lieutenant René Trémolet doit poser son Curtiss H-75 n° 57, train rentré, à Toul-Croix-de-Metz. Cet avion, sur lequel les mécaniciens s'affairent, n'est que faiblement endommagé.

Une imposante formation de 27 Messerschmitt Bf 109 D et E du *Jagdgruppe* 102 emmenés par le *Hauptmann* Hannes Gentzen, premier as allemand sur le front occidental, intercepte les avions français vers 15 h 15 non loin de Sierck-les-Bains. Les combats tournoyants au-dessus de la vallée de la Moselle se terminent à l'avantage des pilotes du groupe de chasse II/5. Quatre Messerschmitt Bf 109 s'écrasent dans les lignes françaises, ne laissant que deux pilotes prisonniers et indemnes. Quatre autres chasseurs adverses, trop endommagés pour regagner leur terrain, doivent effectuer des atterrissages de fortune en Allemagne. Ici, les restes d'un Messerschmitt sont examinés par les vainqueurs.

LA CAMPAGNE DE FRANCE

Issu du rang et engagé dans l'armée de l'air en 1933, l'adjudant-chef Pierre Le Gloan intègre le GC III/6 à sa création en mai 1939. Il se distingue dès les premiers combats de la « drôle de guerre » en abattant deux Dornier 17. Le 31 mai 1940, son groupe gagne Le Luc pour effectuer sa qualification sur Dewoitine 520 et protéger le sud de la France des attaques aériennes italiennes. Le 15 juin 1940, accompagné du capitaine de réserve Jean Assolant, il abat trois chasseurs Fiat CR. 42 dans les environs de Saint-Raphaël, puis un autre chasseur italien et un bombardier Fiat BR. 20 en regagnant son terrain du Luc. Nommé sous-lieutenant à la suite de cet exploit inégalé dans l'armée de l'air pendant ce conflit, Pierre Le Gloan continue d'assurer les missions qui lui sont confiées pendant la campagne de Syrie. Il se tue aux commandes d'un Bell P-39 Airacobra à Mostaganem (Algérie), le 11 septembre 1943 : il est alors crédité de 18 victoires confirmées.

Pensant bénéficier d'un effet de surprise, l'état-major allemand envoie ses escadres de bombardement, à l'aube du 10 mai 1940, à l'attaque des terrains utilisés par les chasseurs français qui parviennent souvent à décoller avant l'arrivée des vagues de bombardiers. Les Morane-Saulnier 406, Bloch 152 et Curtiss H-75 tiennent tête aux chasseurs d'escorte allemands et revendiquent la destruction de 38 avions ennemis pendant cette première journée de « guerre-éclair ». Une des premières victimes de l'armée de l'air est ce bombardier Heinkel 111 du Stab III./KG 55, endommagé à 4 h 55 par des Morane du GC I/2. L'appareil doit se poser en catastrophe avec un moteur calé sur le terrain de Velaine-en-Haye, base du GC I/8. Les pompiers ont éteint l'incendie du moteur gauche, puis débarrassé l'insigne de fuselage de la neige carbonique qui le recouvrait. Les membres de l'équipage de l'*Oberleutnant* Gustav Becker, tous indemnes, sont faits prisonniers. Les pilotes du GC I/8 peuvent ainsi examiner en détail le bombardier bimoteur qui sera leur cible prioritaire jusqu'au 24 juin 1940.

commandant la 2e escadrille du GC I/8 s'installe aux commandes de son Bloch 152 pour une mission de protection d'un Potez 63-11. Sa patrouille de trois avions attaque, vingt minutes plus tard, des bombardiers Dornier 17 escortés par douze Messerschmitt 109 au sud de Chambley (Meurthe-et-Moselle). Après avoir annoncé par radio la destruction d'un Dornier, Adrien Astier ne parvient pas à échapper aux nombreux chasseurs d'escorte et périt dans l'écrasement de son Bloch 152 à Jaulny. Lorsque l'armistice entre en vigueur, le 25 juin 1940, 567 aviateurs français ont perdu leur vie au combat depuis septembre 1939, 470 autres sont blessés, mais 640 avions allemands de tous types ont été abattus.

Le seul bombardier moderne livré en nombre substantiel à l'armée de l'air avant l'offensive allemande est le bimoteur Lioré et Olivier 451, dont 83 exemplaires équipent huit groupes de bombardement. L'avion est rapide, vole à 490 km/h et emporte plus d'une tonne de bombes. Son armement défensif, avec une cuve ventrale escamotable et un canon dorsal Hispano-Suiza 404 de 20 mm qui protège son secteur arrière, redonne une certaine confiance aux équipages. Mais l'avion souffre de handicaps que l'on ne peut éliminer : ses moteurs sont sujets à des pannes fréquentes et son fragile train d'atterrissage s'accommode mal des embardées. Les opérations de mai-juin 1940 contraignent l'état-major à engager cet avion sur des objectifs mobiles à basse altitude. Les pertes dues à la *Flak* et à la chasse allemande s'ajoutent aux accidents. Au 25 juin 1940, sur les 1 783 LeO 451 commandés, la moitié des 500 avions pris en compte par l'armée de l'air a été engagée en opérations de guerre.

1941

L'ANNÉE SOMBRE

Le ralliement à la France libre d'aviateurs ne se reconnaissant pas dans le régime de Vichy permet de constituer les premières unités combattantes en Angleterre, au Tchad et au Moyen-Orient. Les Bristol Blenheim du groupe de bombardement réservé n° 1 (GRB 1), en appuyant efficacement les troupes du colonel Leclerc sur l'oasis de Koufra en mars 1941, participent à la première victoire de la France libre. Ce Blenheim Mk.IV du GRB 1 décolle à l'aube pour attaquer les positions italiennes. La cocarde anglaise est désormais remplacée par l'emblème des forces aériennes françaises libres, une grande croix de Lorraine bleue dans un cercle blanc.

Yves Ezanno, instructeur à l'école de pilotage 101 à Royan, utilise un Caudron Simoun pour gagner l'Angleterre en compagnie du lieutenant Albert Préziosi, le 17 juin 1940. Comme tous ses camarades français libres, il est condamné à mort par contumace par le gouvernement de Vichy. Après avoir achevé sa formation opérationnelle en Angleterre, il commande le détachement FAFL à Douala, chargé de protéger les convoyages de l'or des mines congolaises. Il est ensuite affecté au GRB 1 sur Blenheim, où il effectue de nombreuses missions avant d'être transféré en mars 1942 à sa demande au GC 1 « Alsace », stationné en Afrique du Nord. Sur ce document, le capitaine Ezanno est en alerte sur le terrain de Fuka, en Égypte, devant les Hawker Hurricane de ce groupe. De retour en Angleterre, il commande le 198 *Squadron* de la *Royal Air Force* équipé des chasseurs-bombardiers Hawker Typhoon et effectue de nombreuses missions d'appui tactique pendant et après le débarquement de Normandie. Au terme de sa carrière, en juillet 1967, le général de corps aérien Yves Ezanno commande la défense aérienne et totalise 5230 heures de vol et 412 missions de guerre.

Pour les aviateurs chargés de défendre l'empire colonial français sous toutes les latitudes, le répit de l'armistice est de courte durée. Le 27 mai 1941, la France autorise les avions allemands à utiliser ses terrains pour prêter main-forte à l'Irak, soulevé contre la Grande-Bretagne qui craint alors de perdre son approvisionnement en pétrole. L'armée de l'air d'armistice est contrainte de défendre ses positions et ses bases aériennes au Levant. De violents combats opposent des aviateurs français numériquement inférieurs aux Anglais et aux Australiens jusqu'à la perte de cette désastreuse campagne. Le 17 juin, le Potez 662 N° 1 emmène en Syrie le général Jean Bergeret, secrétaire d'État au Levant, pour une rapide inspection des escadrilles. À son retour vers Vichy-Rhue, l'avion du général Bergeret est escorté par des Bloch 152 du GC I/8. Les chasseurs portent presque tous les marques distinctives de l'aviation d'armistice : de larges bandes rouge et jaune sur le capot moteur et le bloc d'empennage. Le Potez 662 ramène 10 248 livres-or turques destinées à la Banque de France à Clermont-Ferrand, que l'on soustrait ainsi aux Britanniques. La signature d'un cessez-le-feu en Syrie intervient le 12 juillet 1941.

Les Curtiss H-75 du GC I/4 du commandant Guy Fanneau de la Horie jouent un rôle essentiel dans l'échec de l'attaque d'une escadre navale britannique sur Dakar en septembre 1940. Un Curtiss de ce groupe de chasse évolue ici un an plus tard, au-dessus de la côte sénégalaise, non loin du mouillage du cuirassé *Richelieu* que les Britanniques n'ont pas renoncé à neutraliser.

1942

L'ESPOIR RENAÎT

Les vétérans du groupe « Alsace » posent devant un Hurricane en Libye. À gauche, le lieutenant Albert Littolff porte encore son grade de *Flying Officer* du *Squadron* 73 de la RAF. Cet ancien pilote de la patrouille acrobatique Weiser est finalement affecté en 1943 au groupe de chasse 3 « Normandie » en Union Soviétique. Il disparaît en combat aérien le 16 juillet 1943, après avoir revendiqué 14 victoires aériennes. Au centre, le capitaine Jean Tulasne, premier commandant de cette prestigieuse unité, est également tué sur le front russe, le 17 juillet 1943. À droite, le lieutenant James Denis, dernier chef du groupe « Alsace » en Libye, remporte neuf victoires dans le secteur de Tobrouk. On compte parmi ses victimes le *Leutnant* Hans-Joachim Marseille, as aux 158 victoires aériennes, abattu le 23 avril 1941.

Au roulage vers le seuil de piste, le pilote de ce Hurricane est accompagné par un mécanicien qui lui sert de guide, car le capotage du moteur Rolls-Royce occulte largement la vue vers l'avant. Les Français libres sont engagés intensivement lors de la retraite allemande de juin 1942 vers El-Alamein et se heurtent à la *Jagdgeschwader* 27, une escadre de chasse équipée de Messerschmitt Bf 109 F qui leur inflige de lourdes pertes. Les Hurricane cédés par les Anglais aux Français libres sont des modèles déclassés depuis un an dans la *Royal Air Force*. Le combat du 27 juin 1942 coûte au groupe « Alsace » deux pilotes tués et trois blessés, mais un seul Messerschmitt est détruit lors d'une collision volontaire par l'aspirant Maurice Mailfert, qui parvient à poser son avion endommagé.

Décollage en alerte pour les pilotes du 340 *Squadron* « Île de France » sur le terrain anglais de Tangmere-Westhampnett, en mai 1942. Cette unité mixte, composée d'aviateurs français libres provenant de la Marine et de l'armée de l'air, subit de lourdes pertes sur le front de la Manche, car ses Spitfire Mk.V sont souvent surclassés par les Focke-Wulf 190 allemands. Le capitaine de corvette Philippe de Scitivaux de Greische, abattu et fait prisonnier lors de la première mission sur le Pas-de-Calais, le 10 avril 1942, est remplacé par le commandant Bernard Dupérier. Jusqu'à son transfert en Écosse pour une première période de repos fin mars 1943, ce groupe remporte 31 victoires au prix de 20 pilotes tués ou disparus et quatre prisonniers.

En Égypte et en Libye, les pilotes FAFL du GC 1 «Alsace» opèrent dans des conditions climatiques qui mettent les avions à rude épreuve. Malgré les filtres tropicaux, les particules de sable s'infiltrent dans les moteurs et réduisent la disponibilité et les performances des appareils. Les peintures de camouflage se dégradent, comme en témoigne cette vue d'un départ en mission d'un Hawker Hurricane Mk.I du GC 1 à Fuka.

1943

L'ARMÉE DE L'AIR RECONSTITUÉE

Ancien ouvrier métallurgiste chez Renault à Boulogne-Billancourt, Marcel Albert intègre l'armée de l'air grâce à une bourse d'État. Sergent et pilote de chasse au GC I/3 pendant la Bataille de France de 1940, il gagne l'Angleterre un an plus tard. Il est affecté au *Squadron* « Île-de-France » avant de se porter volontaire pour combattre avec le GC 3 « Normandie » sur le front russe, en 1943. Le sous-lieutenant Marcel Albert accumule les victoires aériennes – cinq pendant la seule bataille d'Orel – et prend le commandement de la première escadrille du régiment « Normandie », le 4 septembre 1943. Il est ici aux commandes de son Yakovlev Yak-9, à Toula. Nommé capitaine, élevé à la dignité de « héros de l'Union Soviétique » par Joseph Staline, Marcel Albert quitte le régiment « Normandie-Niemen » le 12 décembre 1944 pour une période de repos, après avoir revendiqué 23 victoires aériennes.

Ces Douglas Boston Mk.III du 342 *Squadron* (GB I/20 « Lorraine »), partis d'Angleterre volent à basse altitude vers leur objectif situé dans le nord de la France, en juillet 1943. Les équipages composant ce groupe sont autant issus de la France Libre que de l'armée de l'air d'Afrique du Nord. Jusqu'à la fin du conflit, le « Lorraine » se spécialise dans la désorganisation des voies de communication allemandes, multipliant les attaques de gares et de convois routiers.

Le retour au combat du GC II/5 « La Fayette » contre les forces de l'Axe donne lieu à une grande prise d'armes devant les Curtiss P-40F livrés par les Américains, le 9 janvier 1943, à Alger-Maison Blanche, en présence des généraux Dwight Eisenhower et James Doolittle. Le groupe, sous les ordres du commandant Constantin Rozanoff, participe durant les semaines suivantes aux violents combats pour la libération de la Tunisie et revendique la destruction de cinq chasseurs et de deux bombardiers allemands.

ENGAGEMENT SUR TOUS LES FRONTS

En mai 1944, deux groupes de bombardement venus d'Afrique du Nord, les GB I/25 « Tunisie » et II/23 « Guyenne », achèvent leur transformation sur les bombardiers lourds anglais Handley-Page Halifax et gagnent leur base d'Elvington en Angleterre. Dès lors, ils forment le groupement de bombardement n° 1, commandé par le lieutenant-colonel Paul Bailly. Ils sont engagés au sein du *Bomber Command* britannique dans l'offensive stratégique sur l'Allemagne. Les équipages effectuent des missions de bombardement nocturnes sur les villes allemandes, les centres industriels, les usines de carburant synthétique et les sites de lancement des armes à longue portée V1 et V2. Le lieutenant-colonel Bailly, futur chef d'état-major de l'armée de l'air, accompagne ici des équipages du GB II/23 jusqu'à leur Halifax avant une mission. Pendant les onze mois d'opérations sur l'Allemagne, près de la moitié des équipages français succombe sous les coups de la chasse de nuit et de la *Flak*.

L'un des plus célèbres pilotes engagés dans les combats de libération de la France en 1944, le commandant Antoine de Saint-Exupéry use de toute son influence pour reprendre, malgré son âge, les opérations de guerre dans son unité d'origine, le GR II/33. Ce groupe, équipé de rapides bimoteurs Lockheed F-5 Lightning cédés par l'USAAF, est basé au printemps 1944 en Corse à Borgo, près de Bastia. Le 31 juillet 1944, Saint-Exupéry disparaît lors d'un vol de reconnaissance photographique sur la Savoie. Bien que les débris de son appareil aient été récemment retrouvés près de l'île de Riou, non loin de Marseille, les circonstances réelles de sa mort demeurent inconnues.

Engagé depuis septembre 1943 dans des missions de surveillance côtière, le GC 1/5 «Champagne» totalise plus de 11 500 heures de vol lorsqu'il abandonne, en octobre 1944, ses vieux Bell P-39 Airacobra pour des Republic P-47D Thunderbolt plus puissants. Stationné à Dôle à partir de décembre 1944, le groupe prend une part active à la campagne d'Alsace et aux dernières missions sur l'Allemagne. Son bilan à la fin des hostilités fait état de 2 300 sorties, de 1 100 tonnes de bombes larguées et de centaines de wagons, locomotives et véhicules divers détruits. Ce P-47 D de la 1re escadrille effectue une reconnaissance armée dans le ciel d'Alsace, en décembre 1944.

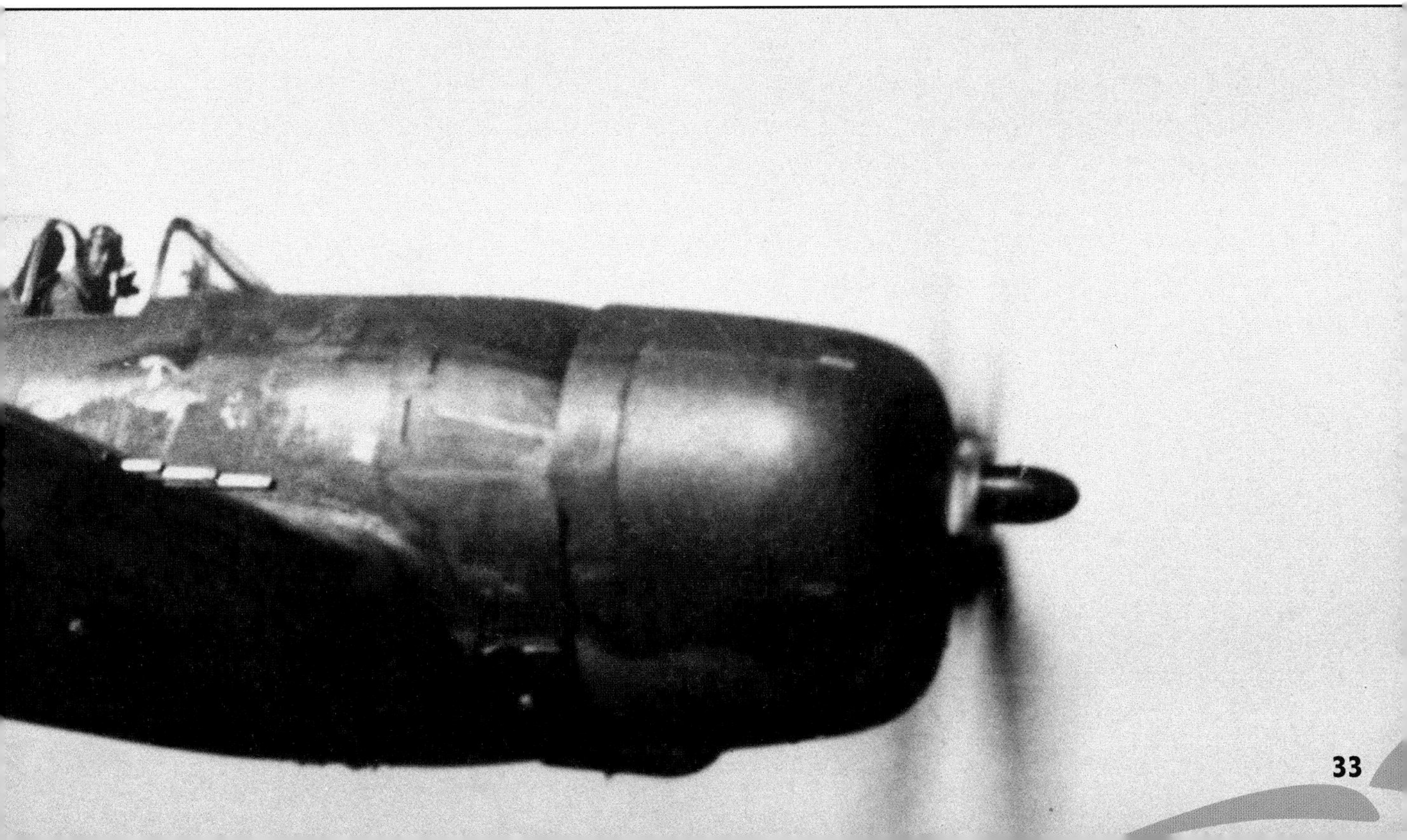

À peine la guerre achevée, l'armée de l'air est confrontée à de nouveaux défis. Immédiatement engagée dans le conflit en Indochine où, bientôt, près de la moitié de ses effectifs navigants est mise à contribution, elle entame sa réorganisation, tant industrielle que structurelle, dans le contexte économique difficile de la reconstruction. Les impératifs de la Guerre froide et l'adhésion de la France au traité de l'Atlantique nord, en avril 1949, lui imposent de nouvelles obligations, parmi lesquelles la défense aérienne du territoire français et l'appui aux forces de surface assurant la défense sur le Rhin. Dans le même temps, l'armée de l'air se dote de son premier appareil à réaction de conception française, l'Ouragan, bientôt relayé par l'entrée en service de la famille des Mystère, au cours des années cinquante. La guerre d'Algérie enfin, de 1954 à 1962, fait peser sur l'armée de l'air de nouvelles contraintes et absorbe une grande partie de ses moyens, puisque plus de la moitié de ses effectifs et près du quart de son matériel volant y sont engagés.

ENTRE GUERRE F
ET CONFLITS DE

1945.

ROIDE
DÉCOLONISATION

.1962

1945

DERNIÈRES MISSIONS POUR LA LIBÉRATION DE L'EUROPE

Le général René Bouscat félicite l'aspirant Jacques André, héros de l'Union Soviétique, pour ses seize victoires aériennes. D'autres FAFL, comme le lieutenant Pierre Clostermann (33 victoires revendiquées dans la RAF) contribuent largement à restaurer l'image de l'armée de l'air dans la population. Depuis l'appel du 18 juin 1940, 413 aviateurs français ralliés au général De Gaulle, et combattant sur tous les fronts, ont payé de leur vie leur engagement pour la France Libre.

Le 17 avril 1945 à 17 h 18, les 47 tonnes de bombes larguées par les Marauder du GBM II/5 ravagent avec précision la forteresse du château d'Oléron encore tenue par les troupe allemandes. Plusieurs vagues de bombardiers français se succèdent sur cet objecti sans apparemment causer de dommages à l'agglomération voisine

L'euphorie de la victoire rejaillit sur l'armée de l'air. Le 20 juin 1945, la foule est nombreuse sur l'aérogare du Bourget pour accueillir en héros les pilotes du régiment de chasse « Normandie-Niemen ». Avec ses 273 victoires revendiquées, l'unité française engagée sur le front de l'Est s'est particulièrement distinguée. La cérémonie présidée par le ministre de l'air Charles Tillon et le chef d'état-major de l'armée de l'air, le général René Bouscat, a un retentissement considérable. Les 37 Yak-3, offerts par Joseph Staline à la France en signe de reconnaissance, sont disposés devant l'aérogare pavoisée et livrés à la curiosité du public à l'issue des discours officiels.

Le réarmement des groupes de bombardement français avec des avions américains est l'une des tâches principales du général René Bouscat, en 1944. Les six groupes de bombardement moyen opèrent, en 1945, avec des Martin B-26 Marauder sur l'Italie, l'Allemagne et les poches allemandes de l'Atlantique. Ici, les B-26 du GBM II/52 « Franche-Comté » font route, en mars 1945, vers un objectif situé dans le sud de l'Allemagne. L'affaiblissement de l'opposition aérienne rend l'escorte de chasse inutile.

1946

FAIRE AVEC L'HÉRITAGE DE LA GUERRE

Le 4 mai 1946, alors que l'insurrection vietminh couve en Indochine, le général Philippe Leclerc remet, sur le terrain de Tan Son Nhut, des décorations au personnel du groupe de chasse 2/7 « Nice », lequel dépend de la 1re escadre de chasse. À son arrivée à l'automne 1945, celle-ci est d'abord dotée de quelques chasseurs japonais peu fiables Nakajima Ki. 43 Oscar et de huit Supermarine Spitfire Mk.VIII fournis par la *Royal Air Force* du Sud-Est asiatique. Les Mk.IX qui les remplacent sont encore handicapés par une autonomie insuffisante, mais servent en Indochine jusqu'en 1950.

Un Republic P-47D Thunderbolt de la 3e escadre de chasse stationnée à Trêves, en Allemagne occupée. Confrontée après 1945 à d'innombrables difficultés, l'armée de l'air assure ses missions avec du matériel datant de la guerre et de fabrication étrangère comme le Thunderbolt américain qui constitue, avec le Supermarine Spitfire britannique, l'essentiel de la dotation de la chasse française. À l'issue de la Seconde Guerre mondiale, l'armée de l'air se trouve partagée entre l'occupation de l'Allemagne, où le 1er corps aérien français devient, en avril 1946, la 1re division aérienne (1re DIVAR), basée à Lahr, et la protection des territoires coloniaux de l'Union française.

Parmi les nombreux avions allemands utilisés par l'armée de l'air pour cause de pénurie de matériels en 1946 le biplace d'entraînement Arado Ar-96B de l'école de pilotage de Cognac fait partie des plus appréciés. Équipé d'un train rentrant et d'une hélice à pas variable, il constitue l'appareil de transition idéal avant l'avion d'armes. La société SIPA en construit plusieurs versions : l'Arado Ar-396 puis les variantes améliorées et « francisées » S-11 et S-12. Ces appareils servent dans les écoles de l'armée de l'air, dans les unités de réservistes ainsi qu'en Afrique du Nord, notamment lors des opérations en Algérie dans les années cinquante

16

1947

FORMER DE NOUVELLES GÉNÉRATIONS

Les élèves de l'École militaire de l'Air, de retour à Salon-de-Provence en 1946, franchissent un cours d'eau au cours d'un exercice.

Des mécaniciens travaillent sur l'hélice et le moteur d'un Supermarine Spitfire Mk.IX de l'école de chasse implantée sur la base aérienne 708 de Meknès, au Maroc. Jusqu'à la fin des années quarante, l'armée de l'air utilise un nombre important de ce célèbre chasseur anglais de la Seconde Guerre Mondiale en opérations ou en écoles. En 1947 la patrouille acrobatique de Meknès vole sur cet appareil.

Alignement de Morane-Saulnier MS 315 à l'École de l'air de Salon-de-Provence à la fin des années quarante. Ce biplace d'entraînement, monoplan Parasol, qui a volé pour la première fois en 1932, voit sa construction relancée après guerre pour permettre à l'armée de l'air de former de nouveaux pilotes.

SUR TOUS LES FRONTS

Un De Havilland Mosquito FB.6 utilisé par le GC 2/6 « Normandie-Niemen » sur le terrain de Rabat-Salé, en 1948. Après avoir combattu sur le front de l'Est avec des appareils russes, cette prestigieuse unité rejoint la métropole avec ses Yak-3 offerts par Joseph Staline. À l'épuisement du potentiel de ces derniers, elle les remplace, à regret, par des NC 900. Il s'agit, en fait, de chasseurs allemands Focke-Wulf Fw 190 A réparés par la SNCAC, à Cravant dans l'Yonne.

Au-dessus de Madagascar en 1948, une formation de NC 701 Martinet appartenant à l'escadrille d'outre-mer (EOM) 85, alors stationnée sur la base d'Ivato. Cet appareil, fabriqué après la Libération par la SNCAC, est la version modernisée du Siebel 204 allemand. Madagascar est en 1947 le théâtre d'une sanglante insurrection. Pour y faire face, les moyens de l'armée de l'air s'avèrent extrêmement limités, ce qui nécessite la réquisition de Junkers Ju 52 de la compagnie *Air France*. Pour renforcer ce dispositif et assister les forces sur place, un pont aérien entre la métropole et l'île, distantes de plus de 10000 kilomètres, est organisé, non sans difficultés. Le groupement des moyens militaires du transport aérien (GMMTA), créé en 1945, met en œuvre des AAC 1 Toucan (ex-Junkers 52), véritables bêtes de somme de l'armée de l'air pendant une quinzaine d'années, renforcés par d'autres appareils de l'Aéronavale. Des Douglas C-47 Skytrain ainsi que quelques bombardiers Handley-Page Halifax de la 21e escadre de bombardement sont utilisés pour le transport.

Le 5 novembre 1948, ce Douglas C-54 Skymaster américain est le premier appareil à se poser sur l'aérodrome de Tegel, inauguré quelques jours plus tôt. Entre le 24 juin 1948 et le 12 mai 1949, les Soviétiques imposent un blocus terrestre et fluvial aux secteurs de Berlin contrôlés par les alliés occidentaux. Le pont aérien alors mis en place nécessite l'aménagement d'un terrain en secteur français. Des AAC 1 Toucan et quelques C-47 du GMMTA participent, en 1948, à ce pont aérien. D'abord détachement air, Tegel devient la base aérienne 165, en 1964, jusqu'à sa dissolution, trente ans plus tard, après la réunification allemande.

HÉLICES ET RÉACTEURS

Ces De Havilland DH.100 Vampire F.1 provenant de la *Royal Air Force*, sont affectés au centre de transformation sur avions à réaction (CTAR) de Mont-de-Marsan, à partir de décembre 1948. Ce petit bipoutre anglais, qui vole à 850 km/h, à 5000 mètres d'altitude, est utilisé par l'armée de l'air pour faciliter la qualification de ses pilotes sur Vampire FB.5. C'est le premier monoplace à réaction de nos escadres de chasse, écoles et patrouilles acrobatiques françaises. En 1952, une variante modernisée est construite sous licence par la SNCASE sous la désignation SE 532/535 Mistral.

Sur le terrain de Villacoublay, en mars 1949, un Nord-Aviation NC 701 Martinet du groupe de transport et de liaison aérienne (GTLA) 2/60, unité chargée du transport des autorités militaires. Le GTLA est également doté de Thunderbolt pilotés par des officiers d'état-major. Quelques anciens bombardiers Lioré et Olivier LéO 453, remotorisés, sont encore utilisés par l'armée de l'air pour diverses missions jusqu'au milieu des années cinquante.

Un pilote ajuste son parachute tandis que les armuriers approvisionnent en obus les canons de son Vampire de la 2e escadre de chasse, stationnée en Allemagne. Elle participe dès 1949 à de nombreux exercices en métropole et en Grande-Bretagne, à des manifestations aériennes publiques en France, en Afrique de Nord ou à l'étranger, et même au tournage d'un film au titre évocateur : *Vampires*.

1950

AILES FRANÇAISES SUR L'INDOCHINE

Valérie André est engagée en Indochine comme médecin capitaine, fin 1948. Après une formation en métropole en 1950, elle devient la première Française brevetée sur hélicoptère avant de retourner en Indochine à l'automne de la même année. Celle que les combattants appellent respectueusement *Madame Ventilo* devient chef de section à Gia-Lam et effectue, aux commandes de son Hiller jusqu'en 1953, de nombreuses missions de guerre, essentiellement des évacuations sanitaires. Ultérieurement, elle sert en Algérie en qualité de médecin-chef et de pilote. En 1976, ses exceptionnels états de service font d'elle la première femme en France à être nommée officier général.

Un chasseur Bell P-63C Kingcobra du GC 2/6 « Normandie-Niemen » en janvier 1950. Les Kingcobra, particulièrement appréciés pour leur puissance de feu, sont acheminés en Extrême-Orient par voie maritime en 1949 pour relever les Spitfire, arrivant à bout de potentiel. Les P-63C, livrés par les États-Unis en 1945, sont prioritairement affectés à la défense aérienne du territoire, notamment en Afrique du Nord.

Sur le terrain de Na-San en mai 1950, une équipe de mécaniciens se prépare à changer le moteur central d'un AAC 1 Toucan. Ce rustique trimoteur allemand rend de grands services sur le théâtre d'opérations indochinois. Outre les missions de transport et de parachutages, il est également utilisé ponctuellement pour des missions de bombardement en attendant l'arrivée des Douglas B-26 Invader conçus à cet effet. Plusieurs groupes de transport dotés de Toucan et de Dakota servent tout au long du conflit en Indochine au sein d'un sous-GMMTA créé pour la circonstance.

Le développement des voilures tournantes en Indochine est, en grande partie, dû au dynamisme du lieutenant Alexis Santini, premier pilote français d'hélicoptère militaire, qui pose ici, en juin 1950, avec ses mécaniciens devant un des deux Hiller 360 de l'escadrille de liaison aérienne (ELA) 52. Le lieutenant Santini est le premier commandant de cette unité stationnée à Tan Son Nhut (Cochinchine), première à mettre en œuvre les hélicoptères de l'armée française. Il établit pour l'armée de l'air les premières bases d'une doctrine d'emploi de l'hélicoptère pour les évacuations sanitaires au front.
Lors des obsèques du colonel Santini, le 5 février 1997, le général Philippe Maurin lui rend cet hommage appuyé : « *Le nom du lieutenant Santini devait devenir aussi connu en Indochine que celui de Guynemer ou de Marin la Meslée* ». En Indochine, les hélicoptères Hiller 360, les Westland-Sikorsky S-51 et les quelques Sikorsky S-55 sauvent plus de 11 500 vies : blessés, pilotes abattus, combattants exfiltrés et aussi quelques évadés de Diên Biên Phu.

À L'HEURE DE L'ALLIANCE ATLANTIQUE

Rassemblés devant un Morane-Saulnier MS 472 Vanneau, des pilotes réservistes du centre d'entraînement des réserves ordinaires (CERO) 301 se préparent à un vol sur la base aérienne 104 du Bourget. Mise en sommeil en 1984, cette base aérienne a donné en 2008 son numéro à celle d'Al-Dahfra aux Émirats arabes unis, où stationnent des Mirage 2000 de l'armée de l'air.

Le secrétaire d'État à l'air, André Maroselli, et le général Dwight Eisenhower, commandant en chef des forces de l'Alliance Atlantique, se rencontrent pour marquer la livraison des premiers Republic F-84E Thunderjet de l'armée de l'air. Ces chasseurs-bombardiers sont remis officiellement à la 3e escadre de chasse au cours d'une cérémonie sur la base aérienne de Reims, le 17 mai 1951. Ils matérialisent l'aide matérielle apportée par les États-Unis à ses alliés de l'Otan au titre du *Mutual Defense Assistance Program* (MDAP). Une quinzaine d'unités de l'armée de l'air et deux patrouilles acrobatiques sont dotées de cet appareil.

Des infirmières pilotes secouristes de l'air s'entraînent au parachutisme, vêtues de combinaisons de saut qui sont celles des parachutistes américains en 1944. Recrutées dès 1945 par le transport aérien militaire en qualité d'infirmières volontaires pour le rapatriement des prisonniers et des déportés, elles fournissent la base du corps des convoyeuses de l'air, créé en 1951.

Au roulage sur le terrain de Bach Maï, un Grumman F8F-1B Bearcat du groupe de chasse 1/6 « Corse ». Ce puissant chasseur équipé d'un moteur en double étoile Pratt & Whitney R2800 développant 2 100 ch remplace les Grumman Hellcat en Indochine. Il vole à 680 km/h, emporte selon les objectifs visés des roquettes, des bombes ou des bidons de napalm. Plus de 200 Bearcat, conçus initialement pour opérer depuis des porte-avions américains, sont pris en compte par l'armée de l'air qui les engage intensivement contre les objectifs terrestres de 1951 à 1956.

LE RÉÉQUIPEMENT SE POURSUIT

Devant l'usine Dassault de Bordeaux-Mérignac en mars 1952, un MD 450 Ouragan de début de production. Il s'agit du premier avion de combat de conception et de construction françaises à entrer en service dans l'armée de l'air, dans les escadres de la défense aérienne du territoire ou du 1er CATac. Plus tard, il sert au centre de tir et de bombardement de Cazaux, à l'école de chasse de Meknès et à l'École de l'air, équipant aussi la *Patrouille de France* entre 1954 et 1956.

La présence insolite dans l'inventaire de l'armée de l'air de ce Fairey Barracuda de l'escadrille de liaison aérienne 56 « Vaucluse », vers 1952, n'est pas due à un achat hasardeux. La très discrète ELA 56 opère depuis le terrain de Persan-Beaumont pour le compte des services spéciaux français. Pour ce faire, elle utilise des appareils variés, dont ce Barracuda britannique, conçu au départ comme bombardier torpilleur embarqué. Motorisé par un Rolls-Royce de 1 640 ch, équipé d'importants systèmes hypersustentateurs, il peut décoller et atterrir à pleine charge sur des distances très courtes. Le Barracuda est ainsi parfaitement adapté aux missions spéciales et aux déposes d'agents.

Un instructeur et son élève se préparent pour un vol d'entraînement à bord d'un Lockheed T-33A de l'école de chasse de Meknès, dont les appareils opèrent toutefois sur le terrain de Rabat-Salé jusqu'en mars 1953. Pour permettre la transformation de ses pilotes sur avions à réaction de fabrication américaine, l'armée de l'air acquiert les *T'Bird* en 1951 et les utilise intensivement à Tours jusqu'en 1981.

ENTRE OMBRE ET LUMIÈRE

Le commando « colonel Serot », de la brigade de renseignement et de contre-sabotage (BRCS), avant un départ en patrouille. Cette brigade de Biên-Hôa est créée par le capitaine Charles-Albert Meyer qui, en 1956, participe en Algérie à la création des commandos parachutistes de l'air.

Les débuts d'une formation prestigieuse : le commandant Pierre Delachenal, deuxième en partant de la gauche, avec ses équipiers de la patrouille acrobatique de la 3e escadre de chasse sur Republic F-84G Thunderjet.

Décollage en formation de la *Patrouille Delachenal* sur Republic F-84G Thunderjet de la 3e escadre de chasse. Le 17 mai 1953, au cours d'un meeting aérien à Alger Maison-Blanche, le célèbre commentateur Jacques Noetinger nomme pour la première fois et pour la postérité, cette formation : *la Patrouille de France*.

Un Sikorsky H-19 de l'ELA 52 survole en novembre 1953 la base aérienne de Tan Son Nhut où s'entraîne le commando « colonel Serot » à l'hélitreuillage et au poser d'assaut. Cette unité, fonctionnant sur le mode du maquis, effectue des opérations de renseignement et attaque ponctuellement des objectifs à l'arrière des lignes ennemies. Elle est constituée au début des années cinquante de soldats supplétifs commandés par des cadres des troupes aéroportées françaises.

1954

HEURES DRAMATIQUES EN INDOCHINE

Après la destruction du Douglas C-47 qui l'amène au camp retranché de Diên-Biên-Phu, la convoyeuse de l'air Geneviève de Galard est bloquée avec la garnison. Affectée à l'antenne chirurgicale, elle soigne, au plus fort des combats, les blessés avec un tel dévouement qu'ils la surnomment *L'ange de Diên-Biên-Phu*. À la chute du camp, elle est faite prisonnière par les troupes vietminh mais continue inlassablement à prodiguer des soins aux soldats de l'Union française. Elle doit les quitter, contre son gré, lorsqu'intervient sa libération, le 24 mai 1954.

Parachutage de ravitaillement sur un point d'appui à Diên-Biên-Phu, en février 1954. Au sol, un des Fairchild C-119 Packet envoyés par les États-Unis, un Bristol 170 Freighter et trois Douglas Dakota. Le camp retranché de Diên-Biên-Phu est établi en novembre 1953 après l'opération aéroportée *Castor*. Une piste permet son ravitaillement et le stationnement de chasseurs Grumman F8F-1 Bearcat pour l'appui-feu. Mais, dès le début de la bataille, le 13 mars 1954, elle est pilonnée par l'artillerie vietminh et condamnée. Le soutien aérien n'est possible que depuis des terrains éloignés. Seules des missions de parachutage périlleuses permettent de soutenir les forces françaises, qui doivent cesser ce combat trop inégal, le 7 mai.

Gros plan extrait d'un film de reconnaissance aérienne, pris par un Douglas RB-26 Invader à 90 mètres au-dessus du terrain de Cat-Bi le 10 mars 1954, montrant deux Fairchild C-119 Packet américains dont les demi-coquilles de fuselage ont été déposées. On aperçoit à l'arrière-plan des bombardiers Douglas B-26B Invader.

Évacuation sanitaire à bord d'un Douglas C-47 Skytrain du groupe de transport 2/62 « Franche-Comté », depuis le terrain de Luang-Prabang, en juin 1954.

1955

DÉFENSE AÉRIENNE DU TERRITOIRE…

Cette scène de défense aérienne en 1955 n'est pas sans évoquer les salles de contrôle britanniques de la Bataille d'Angleterre en 1940 dont les méthodes de travail inspirent encore ces opérateurs. Ils s'affairent autour de la table de situation générale du PC enterré du secteur de défense aérienne (SDA) de Paris. Situé place de la République à Paris, dans les sous-sols de la caserne Vérines, ce SDA relève de la zone de défense aérienne 901 (ZDA 901) couvrant le quart nord-est du territoire national.

...ET RECORDS SUR JETS

Le 25 mai 1955, le lieutenant-colonel Jacques Andrieux, commandant la 12e escadre de chasse, se pose sur la base aérienne de Cambrai avec les premiers Mystère IV A de l'armée de l'air, qui équipent d'abord l'escadron de chasse 3/12 « Cornouaille ». Le lieutenant-colonel Andrieux est l'un des derniers commandants du groupe de chasse FAFL « Alsace », dans la *Royal Air Force,* lors de la phase finale de la Seconde Guerre mondiale en Europe.

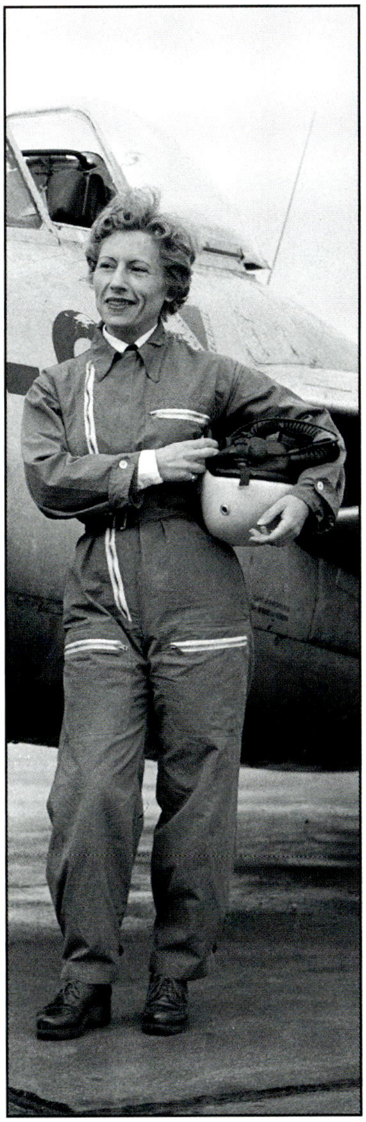

Déjà détentrice de divers records aéronautiques, le lieutenant Élisabeth Boselli pose devant un SE 535 Mistral sur la base aérienne de Creil, le 24 mars 1955. C'est avec ce type d'appareil qu'elle bat, au cours de l'hiver 1955, plusieurs records internationaux féminins de vitesse sur avion à réaction et en circuit fermé. Élisabeth Boselli a intégré l'armée de l'air en 1945 et a été brevetée pilote militaire l'année suivante. En 1953, elle poursuit sa formation sur avions à réaction à l'école de chasse de Meknès, avant d'effectuer de nombreuses missions d'évacuation sanitaire pendant la guerre d'Algérie.

Le 18 juin 1954 à Bordeaux-Mérignac, le général américain Parker, chef du matériel pour l'Europe, remet au général Pierre Fay, chef d'état-major de l'armée de l'air, le premier Mystère IV A construit à titre *off shore*. 225 exemplaires sont construits avec l'aide financière américaine au titre de commandes passées par les USA à des constructeurs européens. Le Mystère IV A, engagé en opérations au Proche-Orient en 1956, est utilisé jusqu'en 1982 et équipe la *Patrouille de France* de 1957 à 1963.

1956

GUERRE D'ALGÉRIE ET « AFFAIRE » DE SUEZ

De retour en France, deux Republic F-84F Thunderstreak de la 3e escadre de chasse quelques semaines après l'expédition de Suez. L'appareil codé « 3-VS » porte encore les bandes jaune et noir des appareils engagés contre l'Égypte. L'armée de l'air utilise depuis 1955 ces chasseurs-bombardiers américains reçus dans le cadre du MDAP. C'est l'avion standard du 1er CATac qui succède à la 1re DIVAR, en 1953.

Mosaïque composée de photographies aériennes réalisées au-dessus de l'aérodrome d'Akrotiri, à Chypre, qui accueille la BAO 791 pendant l'« affaire » de Suez à l'automne 1956. Des chasseurs-bombardiers Republic F-84F Thunderstreak et des RF-84F Thunderflash de reconnaissance y sont alignés. Les appareils de transport Noratlas sont stationnés à Tymbou (BAO 792). Dans le cadre d'une opération multinationale sous commandement britannique, l'armée de l'air joue un rôle clef dans l'expédition de Suez, menée du 1er au 6 novembre 1956. Elle détache à Chypre près d'une centaine de chasseurs, d'avions de reconnaissance ou de transport. Une vaste offensive aérienne, destinée à acquérir la maîtrise de l'air, précède le parachutage et le débarquement des forces franco-britanniques à proximité de Port-Saïd. Simultanément, des Mystère IV A et des Thunderstreak opèrent secrètement depuis le territoire israélien.

Départ en patrouille. Parmi les nombreuses missions dévolues à l'armée de l'air durant la guerre d'Algérie, une des plus importantes consiste à sécuriser une région grâce à l'utilisation de points d'appui fortifiés et à la nomadisation de patrouilles, parfois motorisées en fonction du périmètre concerné.

Un North American T-6G Texan en opérations pendant la guerre d'Algérie. Cet avion, maniable mais assez lent, se révèle sous-motorisé avec l'armement qu'il emporte lors des opérations d'appui-feu dans les montagnes algériennes. Celui-ci appartient à une escadrille d'aviation légère d'appui (EALA) parrainée par la 2e escadre de chasse, dont les pilotes sont détachés pour un tour d'opérations. Déjà largement employés pour la formation des pilotes, plusieurs centaines de Texan supplémentaires sont achetées dans les surplus américains.

SOUS TOUTES LES LATITUDES

Sur la base américaine de Sondre Stromfjord, au printemps 1957, le Noratlas n° 127 est mis à la disposition des expéditions polaires françaises dirigées par Paul-Émile Victor, qui pose ici avec l'équipage du Nord 2501 piloté par le commandant Despouy du GT 2/61 « Franche-Comté ». Cet appareil transporte également un hélicoptère Alouette II du centre d'expériences aériennes militaires (CEAM), pour cette mission qui préfigure l'expédition glaciologique internationale du Groënland de 1957-1960. L'armée de l'air apporte régulièrement son soutien aux campagnes scientifiques nécessitant le transport de matériels et de spécialistes sur de grandes distances.

Un des premiers biréacteurs SNCASO Vautour II N de l'escadron de chasse tout temps 3/30 « Lorraine » sur la base aérienne de Tours, en octobre 1957. Succédant au Gloster Meteor NF.11, le Vautour II N est le premier véritable chasseur tout temps de l'armée de l'air, maniable et d'une autonomie appréciable. Armé de quatre canons de 30 mm, il est capable d'emporter des roquettes ou des missiles air-air électromagnétiques Matra R.511 et son radar lui permet le tir en aveugle. Les biplaces Vautour contribuent à perpétuer l'esprit d'équipage au sein des unités de chasse et de bombardement de l'armée de l'air jusqu'à leur retrait, dans les années soixante-dix.

Devant un Mystère IV A, les pilotes de la *Patrouille de France*, en 1957. Parmi eux, debout et au milieu, le lieutenant Bernard Capillon, futur chef d'état-major de l'armée de l'air. Ses coéquipiers sont le lieutenant Jean Arrault, ailier droit, ainsi que les sergents Roland Joulia, ailier gauche, et Lucien Legros, arrière. Tous appartiennent à l'escadron de chasse 3/2 « Alsace ».

Les commandos de l'air sont créés en 1956 et engagés au combat en Algérie, sous les ordres du lieutenant-colonel Coulet. Ici, des éléments d'un détachement des commandos parachutistes de l'air arrivent sur l'aéroport du Bourget pour participer au traditionnel défilé du 14 juillet sur les Champs-Élysées. Ils sont les héritiers des premiers parachutistes français par leurs traditions, qui les rattachent aux fantassins de l'air de 1937.

1958

LES AILES FRANÇAISES PRÉPARENT L'AVENI

Pilote de chasse pendant la Seconde Guerre mondiale, puis en Indochine jusqu'en 1949, le colonel Félix Brunet prend le commandement du groupement d'hélicoptères n° 2 à Oran-la-Sénia, en 1956. Pionnier de l'emploi en Algérie de l'hélicoptère Sikorsky H-34, dont il a compris les capacités dans des missions d'appui-feu et d'héliportage, il développe l'utilisation opérationnelle des hélicoptères, jusqu'à les transformer en véritables batteries volantes, utilisant des roquettes, des canons rotatifs et de sabord, avec des résultats probants. Mis au repos en métropole à la fin de 1958, épuisé par ses 10000 heures de vol, dont 4000 en missions de guerre, il meurt brutalement le 5 décembre 1959, à son retour en opérations à Colomb-Béchar. Ses concepts sont développés par la suite, particulièrement pendant la guerre du Viêt-Nam.

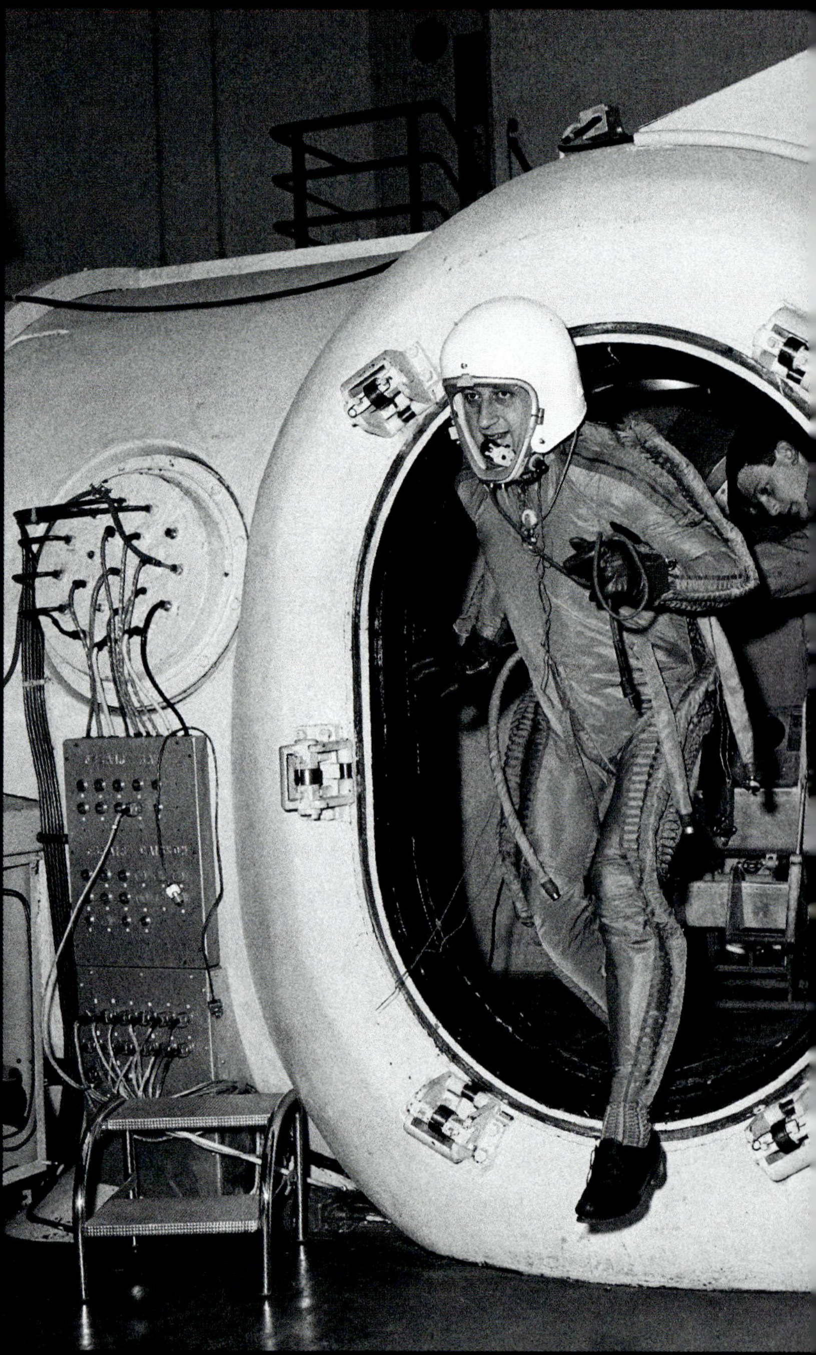

Un pilote, équipé d'une combinaison pressurisée, sort d'un caisson d'altitude du laboratoire de médecine aéronautique au centre d'essais en vol (CEV) de Brétigny. Cet institut médico-physiologique, avec son caisson d'altitude et sa centrifugeuse, étudie les contraintes subies par les navigants lors de vols à haute altitude ou à des vitesses élevées. Ces travaux permettent de concevoir des équipements assurant la protection en vol du personnel navigant.

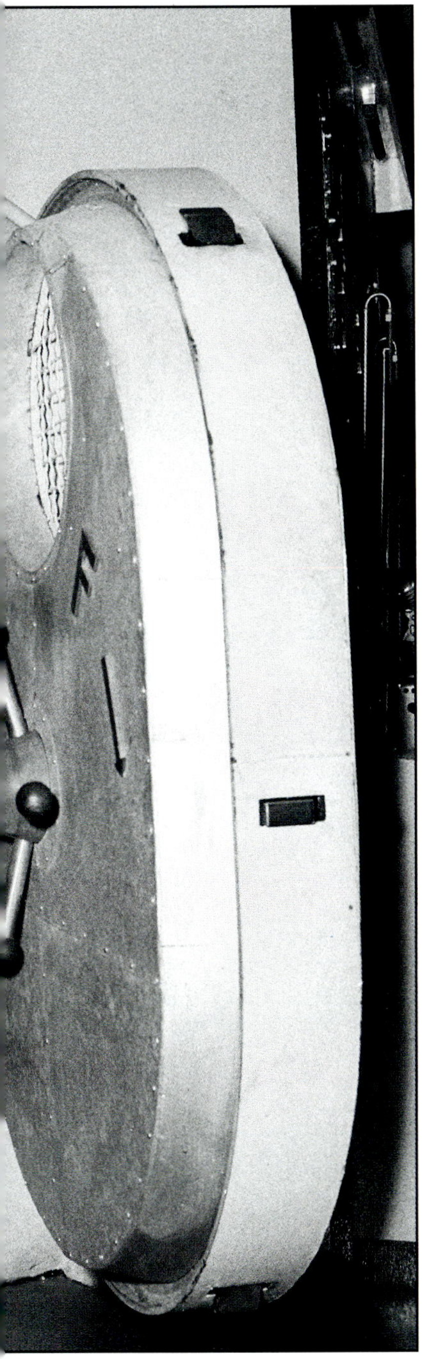

Devant un Fouga CM 170 R Magister de l'École de l'air à Salon-de-Provence, des élèves pilotes préparent leur vol. Depuis mai 1956, l'École de l'air est la première en France et dans le monde à instruire ses élèves directement sur avion à réaction : malgré le scepticisme initial de certains, ce choix s'avère vite justifié. De nombreuses unités de l'armée de l'air utilisent le Fouga Magister jusqu'en 1997. Le célèbre biréacteur à empennage papillon équipe la patrouille de l'École de l'air de 1957 à 1963, puis la *Patrouille de France* de 1964 à 1980.

Un bombardier SNCASO 4050 Vautour II B du centre d'instruction de bombardement 328. Après avoir utilisé des Douglas B-26 Invader en Indochine puis en Algérie, l'armée de l'air reçoit en 1958 son premier bombardier à réaction, le Vautour II B. Les biréacteurs sont versés d'abord au CIB 328, créé l'année précédente, avec quelques Douglas Invader, sur la base aérienne 135 de Cognac. Progressivement, les Vautour II B permettent aux équipages de se préparer à l'arrivée des bombardiers Dassault Mirage IV A.

1959

LIAISONS LONGUE DISTANCE

À leur retour de Brazzaville, des pilotes de Dassault Super-Mystère B2 de la 10e escadre de chasse, autour du commandant Bachelier (deuxième à partir de la droite). Partis de Creil le 17 novembre, ils atteignent Brazzaville le 19 novembre et sont de retour le 27 novembre 1959. Ces liaisons rapides par étapes familiarisent les équipages d'avions à réaction, y compris ceux de la défense aérienne du territoire, à la navigation à grande distance et au survol des régions désertiques et tropicales. Les Super-Mystère B2 effectuent par la suite d'autres missions du même type et vont même jusqu'en Thaïlande pour participer à des manœuvres.

Deux Marcel Dassault MD 315 R Flamant de l'escadrille d'outre-mer (EOM puis GAMOM) 84, stationnée à Pointe Noire (Congo) en 1959. Les Flamant assurent en Afrique des missions très variées : liaisons, surveillance, évacuations sanitaires. En Algérie, ils sont également utilisés comme PC volants ou pour l'appui-feu. Plusieurs versions de cet appareil existent, permettant même l'emport de missiles AS 11. En France métropolitaine, outre les missions de liaisons, les Flamant sont destinés à la formation des pilotes de transport.

Un North American F-100D Super-Sabre du 1er CATac déplacé à l'aide d'un chariot porte-avions de création française, présenté à Lahr-Hugsweier (Allemagne), où est stationnée la 33e escadre de reconnaissance, en janvier 1959. Au titre du MDAP, l'armée de l'air reçoit, à partir de 1958, des Super Sabre pour équiper deux escadres de chasse du 1er CATac. D'abord stationnées en France, celles-ci migrent en Allemagne en 1961 ; de 1963 à 1966, aptes à l'emploi d'armes nucléaires tactiques, elles assurent l'alerte atomique sous contrôle américain dans le cadre de l'Otan. Ces appareils sont les premiers à disposer de la capacité nucléaire au sein de l'armée de l'air.

Décollage du terrain de Zinder, au Niger du Vautour II B du capitaine Béglia, pilote, et du capitaine Lassau, navigateur-bombardier. C'est la première fois qu'un avion à réaction se pose à Zinder pour une escale imprévue durant un raid mené par étapes par deux Vautour II B du CIB 328, entre Cognac et Fort-Lamy, au Tchad, les 20 et 26 juin 1959. D'autres missions de même nature vers le continent africain ont lieu en 1959 et pendant les années suivantes. L'armée de l'air étudie alors la mise en place d'avions à réaction sur des bases aériennes du territoire de la Communauté, dont celles, inhospitalières et soumises aux vents de sable, du Sahara.

OPÉRATIONS EN ALGÉRIE

L'équipe incendie devant la tour du terrain de la base aérienne 145 de Colomb-Béchar, aux confins du Sahara, pendant l'hiver 1960. Outre des unités de l'armée de l'air comme le groupe saharien de reconnaissance et d'appui 78 « Tindouf », la BA 145 abrite une partie des infrastructures du centre interarmées d'essais des engins spéciaux (CIEES), chargé de procéder à des tirs d'essais d'engins divers. L'armée de l'air contribue fréquemment aux essais du CIEES.

L'hélicoptère est intensivement utilisé comme transport durant les opérations en Algérie. Ici, un Sikorsky H-34 dépose des troupes à Bou Ouada, en 1960, tandis que des combats se déroulent sur la colline, à l'arrière-plan.

Une formation de Douglas AD-4N Douglas AD-4N Skyraider de la 20e escadre de chasse de Boufarik. Cette unité spécialisée dans les missions d'appui-feu est constituée des escadrons de chasse 1/20 « Aurès-Nementcha », volant sur Mistral, et 2/20 « Ouarsenis » sur Thunderbolt. En 1960, renforcée par l'escadron 3/20 « Oranie », elle remplace ces appareils par un puissant monomoteur américain à hélice quadripale, le Douglas AD-4N Skyraider, propulsé par un moteur développant 2 700 ch. Cet avion possède alors une autonomie et une capacité d'emport en armements inégalées. L'armée de l'air en acquiert 113 exemplaires.

Un SE 3130 Alouette II de la première escadre d'hélicoptères au cours d'une reconnaissance aérienne dans le secteur de Colomb-Béchar, au début de l'année 1960. Ces missions permettent de repérer les mouvements de l'adversaire avant une mission héliportée des commandos de l'air, voire au profit d'une intervention en coopération avec l'armée de terre, appuyée par des parachutages effectués par des Noratlas, des Dakota ou des Toucan. Cet hélicoptère léger sert également de PC volant lors des opérations en Algérie.

LA DÉFENSE AÉRIENNE À L'HEURE DE MACH 2

Alignement de Dassault Super-Mystère B2 de la 12e escadre de chasse sur la base aérienne 103 de Cambrai. À la création en 1961 du commandement air des forces de défense aérienne (CAFDA), qui succède à la défense aérienne du territoire, le Super-Mystère B2 est l'intercepteur majoritaire dans l'armée de l'air. Supersonique en palier, c'est le premier avion de combat de construction française de la DAT à être doté de la postcombustion et armé de missiles air-air, des AIM-9B Sidewinder de fabrication américaine, à guidage infrarouge. Entré en service en 1958, ce chasseur diurne, particulièrement apprécié par ses pilotes, est retiré du service opérationnel en 1977.

Le 11 mars 1961, premier atterrissage pour une visite de démonstration d'un GAMD Mirage III C sur la base aérienne 102 de Dijon. Portant le numéro de série n° 2, il est piloté par le capitaine de Rousiers, commandant l'escadron de chasse 1/2 «Cigognes» qui se qualifie sur Mirage III C au CEAM de Mont-de-Marsan. Cet intercepteur à voilure delta est le premier appareil de l'armée de l'air à dépasser Mach 2. Il entre en service à partir de juillet 1961, à Dijon, au sein de la 2e escadre de chasse qui, rattachée au 1er CATac, participe toutefois aux missions de défense aérienne.

Après un vol, un pilote de Super-Mystère B2 effectue son compte rendu de mission à la salle d'opérations de la 10e escadre de chasse. Stationnée à Creil et dédiée à la défense aérienne, cette escadre est la première à être dotée de Super-Mystère B2, en 1958.

Un Mirage III C de la 2e escadre de chasse et son pilote en «habit de lumière» à Dijon, en décembre 1961. Cette combinaison, indispensable au-dessus de 15000 mètres, permet aux pilotes d'effectuer des vols à très haute altitude et d'atteindre, grâce à un moteur-fusée, la stratosphère. Les performances élevées et la complexité technique du Mirage III C, obligent pilotes et mécaniciens à fournir un effort d'adaptation très important.

FIN DE LA GUERRE EN ALGÉRIE

Lors d'une reconnaissance à vue au-dessus de l'Algérie au début de 1962, un T-28 Fennec de l'escadron d'aviation légère d'appui 3/5 parrainé par la 5e escadre de chasse. Afin de remplacer les North American T-6 Texan, l'armée de l'air acquiert plus d'une centaine de cellules remotorisées du biplace d'entraînement NA T-28 reconditionnées par Sud-Aviation. Le Fennec, plus puissant grâce à son moteur de 1 450 ch et plus lourdement armé, remplace avantageusement les T-6, notamment dans les zones montagneuses.

Un hélicoptère Sikorsky H-34 survole des soldats de l'armée de l'air, durant une patrouille dans le Djebel Bel, le 30 mars 1962. Les opérations en Algérie ont révélé toute l'importance de l'action de l'hélicoptère.

En rade d'Alger, à la fin de juillet 1962, l'escadron d'hélicoptères 2/23 et ses Sikorsky H-34, stationnés auparavant sur la base aérienne 146 de La Reghaïa, quittent l'Algérie pour la métropole à bord du porte-avions *La Fayette*. Englobant l'Algérie et le Sahara, la 5e région aérienne est dissoute en 1962. Un commandement de l'air en Algérie perdure toutefois jusqu'en 1964, pour encadrer les unités maintenues sur place et des bases aériennes encore employées par l'armée de l'air pendant quelques années.

Au-dessus de l'Algérie en 1962, un Douglas C-47 effectue une mission *luciole* d'éclairage. À peine visible sur ce document, un dispositif externe de largage des fusées d'éclairage est implanté sur le flanc de l'appareil. Chargés du transport et du parachutage, les appareils du GMMTA assurent également la surveillance et la défense des barrages terrestres établis aux frontières de l'Algérie. Par décret du 19 février 1962, le GMMTA devient le commandement du transport aérien militaire (COTAM).

C'est avec le retour au pouvoir du général de Gaulle que la France se dote de l'arme atomique. Responsable de la mission de frappe nucléaire stratégique, l'armée de l'air s'équipe, dès 1963, d'un vecteur aérien piloté, le Mirage IV A, dont la première unité est déclarée opérationnelle le 1er octobre 1964. Cette nouvelle responsabilité lui impose une vaste réorganisation qui aboutit à la constitution de grands commandements d'emploi spécialisés. Le commandement des forces aériennes stratégiques (CFAS) voit ainsi le jour en janvier 1964, tandis que sont créés le commandement du transport aérien militaire (COTAM), le commandement du génie de l'air (CGA), le commandement des transmissions de l'air (CTAA), le commandement des écoles de l'air (CEAA). Enfin, apparaît en juillet 1965 la FATac-1re RA, fusion de la 1re région aérienne et du commandement des forces aériennes tactiques. Les décennies soixante, soixante-dix et quatre-vingts sont par ailleurs marquées par la participation de l'armée de l'air à une série d'interventions extérieures au profit d'états ou d'organisations internationales, telles les opérations Lamantin en 1977, Manta en 1983 ou Épervier en 1986.

FORCE DE FRAP
ET OPÉRATIONS

1963.

PE
EXTÉRIEURES

1989

ÉCHANGES ET MÉMOIRE

Rencontre entre des élèves officiers français et allemands aux Invalides le 25 janvier 1963. Trois jours plus tôt, le président Charles de Gaulle et le chancelier Konrad Adenauer ont signé le traité d'amitié et de coopération franco-allemande, dit *Traité de l'Élysée*, marquant le rapprochement entre la France et l'Allemagne, y compris dans le domaine militaire.

Le 25 mai 1963, la base aérienne 132 de Colmar-Meyenheim prend le nom de « Commandant René Pépin » et un North American F-86K Sabre est remis par les États-Unis à l'armée de l'air. Relevant du 1er CATac, stationnée à Lahr-Hughsweier puis à Colmar, la 13e escadre de chasse tout temps utilise 60 exemplaires de cet intercepteur entre 1956 et 1962. C'est le premier avion de combat équipé de postcombustion, d'une conduite de tir radar et de missiles air-air.

Après avoir présidé une cérémonie au cours de laquelle a été remis son fanion à l'association nationale des as de la guerre 1914-1918, le général Paul Stehlin, chef d'état-major de l'armée de l'air, pose avec une partie des membres de cette association. Cette cérémonie se déroule sur la base aérienne 102 de Dijon-Longvic, le 27 avril 1963. Le fanion, réplique de celui de la SPA 3 où servit Georges Guynemer, est porté par son président, le général Alfred Heurtaux, as aux 21 victoires.

À L'HEURE DE L'ATOME

Outil de l'indépendance nationale, le commandement des forces aériennes stratégiques (CFAS) est créé le 14 janvier 1964, succédant au commandement aérien stratégique mis en place le 20 février 1962. Le général Philippe Maurin en est le premier commandant. Les FAS, dont le poste de commandement est implanté à Taverny, mettent en œuvre le bombardier Dassault Mirage IV A, premier vecteur nucléaire stratégique français, et l'avion-ravitailleur Boeing C-135F, qui apporte au premier l'autonomie nécessaire pour atteindre ses objectifs potentiels. Ce binôme bombardier-ravitailleur est photographié en mai 1964, à Mont-de-Marsan.

Sur la base aérienne 118 de Mont-de-Marsan en 1964, un équipage de bombardier Dassault Mirage IV A pose devant son appareil. Les pilotes viennent de la chasse ou de la 92e escadre de bombardement ; les navigateurs sont issus de cette dernière, du transport ou de l'école d'Avord. Le centre d'instruction des forces aériennes stratégiques (CIFAS), qui succède au CIB 328 en 1964, est chargé de sélectionner, de former et d'entraîner les équipages de Mirage IV A avant leur affectation en escadron.

Un avion-ravitailleur Boeing C-135F en mai 1964 de la base aérienne de Mont-de-Marsan, où est constitué le premier escadron de ravitaillement en vol, l'ERV 4/91 « Landes ». Après avoir envisagé l'utilisation de Vautour modifiés pour le ravitaillement en vol, l'armée de l'air commande à la firme américaine Boeing une version adaptée à ses besoins du transporteur C-135. Ces avions sont d'abord affectés à l'éphémère 90e escadre de ravitaillement en vol, créée à Istres en 1963, puis les douze exemplaires reçus par les FAS équipent trois escadrons de ravitaillement en vol.

Un des premiers Mirage IV A des FAS à Mont-de-Marsan, en 1964. L'escadron de bombardement 1/91 « Gascogne » est la première unité à recevoir cet appareil, un bombardier biréacteur biplace de construction française, capable de voler à deux fois la vitesse du son. Soixante-deux exemplaires sont livrés aux FAS pour équiper jusqu'à neuf escadrons qui prennent l'alerte à tour de rôle à partir du 5 octobre 1964.

1965

CAFDA ET FATAC : DE LA DÉTECTION...

Un des trois éléments de la chaîne d'interception : la salle d'opérations du centre de détection et de contrôle (CDC) 5/943 du Mont Agel, en 1965. Le centre est alors équipé d'un complexe d'exploitation semi-automatique des renseignements (Cesar), avant d'être doté du système de traitement et de représentation des informations de défense aérienne (Strida). Le CAFDA utilise les premières versions de ce dernier système, entièrement automatisé, à partir des années soixante. La défense aérienne, dirigée depuis le PC souterrain de Taverny, se distingue désormais par son caractère interministériel, interarmées et interallié. Elle participe aussi à la crédibilité des FAS en protégeant leurs infrastructures et leurs moyens aériens grâce à son réseau de surveillance radar et à ses intercepteurs.

Installées sur le sommet du Mont Agel, les antennes radars du centre de détection et de contrôle 5/943, en février 1965, avant l'installation d'un radar bidimensionnel, puis au début des années soixante-dix, d'un radar tridimensionnel Palmier Ce CDC, qui relève de la base aérienne 943 de Nice-Roquebrune Cap-Martin, assure la défense aérienne du sud-est de la France et de la façade méditerranéenne.

Missiles sol-air Nike Hercules de l'escadron aérien 02/520 à Stetten (République fédérale d'Allemagne) en février 1965. Les bases aériennes 520 de Stetten et 521 de Friedrichshafen-Löwenthal mettent en œuvre huit escadrons de missiles Nike et relèvent de la FATac/1re RA. En 1957, un premier bataillon de missiles Nike se forme aux États-Unis, puis rejoint l'Allemagne en 1959. Cette unité mixte air-terre utilise des Nike Ajax et Hercules. Elle devient 520e brigade d'engins en 1961, tandis que la 521e BE est créée à Friedrichshafen. Elles sont rattachées pour les opérations au 1er CATac, avant d'être renommées bases aériennes en 1964, puis désactivées en 1967.

En provenance de Mont-de-Marsan, un des premiers Dassault Mirage III E de la 13e escadre de chasse se pose à Colmar le 1er avril 1965. Optimisé pour la pénétration tout temps et sans visibilité, c'est un avion d'assaut conventionnel ou un vecteur nucléaire tactique. Il est également apte à l'interception et au combat aérien grâce à ses canons internes et ses missiles air-air à guidage infrarouge ou électromagnétique. Ce chasseur-bombardier doit remplacer les F-84F et les F-100 Super Sabre au sein des forces aériennes tactiques, dont le commandement fusionne avec celui de la 1re région aérienne, le 1er mai 1964. Un grand commandement est né : la FATac-1re RA.

1966

OPÉRATION « TAMOURÉ »

Les équipages de Mirage IV A de l'escadron de bombardement 1/91 « Gascogne » participant à l'opération *Tamouré*, de gauche à droite :
- le capitaine Guy Caubert, navigateur ;
- le commandant André Dubroca, pilote et commandant l'escadron ;
- le capitaine Jacques Lahalle, navigateur ;
- le capitaine Maurice Loisy, navigateur ;
- le capitaine Antoine Dumas, pilote.

Postcombustion allumée, le Mirage IV A n° 9 emportant une arme nucléaire ANM-21, s'apprête à décoller. Après plusieurs semaines de préparation, le commandant Dubroca, pilote, et le capitaine Caubert, navigateur, s'envolent du terrain de Hao à 4 h 31, heure locale. Ils larguent à 5 h 04, au-dessus de l'atoll de Mururoa, leur charge qui explose une minute plus tard.

La dissuasion nucléaire repose dans un premier temps sur l'appareil Dassault Mirage IV A et l'arme nucléaire ANM-21, puis ANM-22. Pour faire la démonstration de leurs capacités, les forces aériennes stratégiques procèdent en 1966, au centre d'expérimentation du Pacifique, à un tir réel de l'arme nucléaire. C'est l'opération *Tamouré*, commandée par le colonel René Blanc, à laquelle participent entre autres deux Mirage IV A et trois C-135F de la 91e escadre de bombardement. Le 10 mai, le Mirage IV A n° 36 et un C-135F décollent de Mont-de-Marsan, survolent l'Atlantique, les États-Unis et le Pacifique et rejoignent la base aérienne avancée de Hao, dans l'archipel des Touamotou en Polynésie. L'autre Mirage est acheminé par voie maritime.

Le Mirage IV A n° 9 et deux des ravitailleurs quittent Hao, le lundi 25 juillet, et effectuent dans le sens inverse le trajet parcouru à l'aller par l'autre Mirage. Ils sont de retour à Mont-de-Marsan le 28 juillet 1966. Le capitaine Antoine Dumas et le capitaine Maurice Loisy, son navigateur, se posent à 21 h 50, heure locale.

L'ARMÉE DE L'AIR RECRUTE

Depuis sa création, l'armée de l'air a mis l'affiche au service de sa communication et de ses campagnes de recrutement. Elle a ainsi régulièrement fait appel à des artistes de renom, parfois peintres de l'air.

Aboutissement d'un rêve ou début d'une carrière : les Fouga Magister de la *Patrouille de France* survolant le bâtiment des études de l'École de l'air à Salon-de-Provence.

Jacques Santi et Christian Marin, acteurs de la série télévisée *Les Chevaliers du ciel*, dans un simulateur de vol au salon de l'enfance, en octobre 1967. Dans cette célèbre série des années soixante, ils interprètent deux pilotes de l'armée de l'air, laquelle prête son concours à la réalisation de cette fiction. L'adaptation au petit écran d'une fameuse bande dessinée est à l'origine de très nombreux engagements dans l'armée de l'air.

De jeunes lauréats d'un concours organisé par l'ORTF posent devant un Vautour à Salon-de-Provence, lors de la journée des lycées, le 27 avril 1967. Journées d'information sur l'aéronautique, parfois organisées par la télévision, expositions et stands d'information de l'armée de l'air concourent à susciter des vocations.

1968

LE TRANSPORT AÉRIEN MILITAIRE

Vol d'entraînement d'un Douglas DC-8 F en février 1968, à Toulouse. Afin d'assurer le transport de passagers et de fret sur de longues distances, notamment vers le centre d'essais nucléaires du Pacifique, l'armée de l'air met en œuvre en 1966 un premier Douglas DC-8 de fabrication américaine. D'abord affecté au GLAM qui l'utilise pour les voyages internationaux du général de Gaulle, cet appareil est pris en compte deux ans plus tard par l'escadron de transport 3/60 « Estérel », créé le 1er mai 1968.

Un Nord 2501 Noratlas de la 61e escadre de transport chargé du transport de passagers civils sur les lignes aériennes militaires de remplacement, probablement à Brétigny, le 29 mai 1968. Pendant les mouvements sociaux du printemps 1968, l'armée de l'air assure, outre le transport de milliers de passagers et de fret urgent sur les lignes intérieures et internationales, des évacuations sanitaires et le contrôle de la circulation aérienne.

La flotte du groupe de liaisons ministérielles (GLAM) 1/60 au début de l'année 1969. Basé à Villacoublay, le GLAM assure le déplacement des hautes autorités gouvernementales. Sa flotte est composée d'une Caravelle, de Mystère 20, de Cessna 411 et d'hélicoptères Alouette III.

Un Transall C160 de la 61e escadre de transport à Orléans-Bricy, le 14 juillet 1968. Conçu et construit par le consortium franco-allemand Transport Allianz, constitué des firmes Nord-Aviation, Weser Flugzeugbau et Hamburger Flugzeugbau, le Transall vole pour la première fois en 1963 et entre en service le 22 novembre 1967, à l'escadron de transport 1/61 « Touraine ». Destiné à remplacer le Noratlas, il est conçu pour acheminer des troupes aéroportées, parachuter de charges lourdes, approvisionner des unités combattantes et assurer des évacuations sanitaires. Il est capable de déposer sur des terrains sommairement aménagés des troupes et leur matériel.

1969

SOUS LE DRAPEAU DE L'ARMÉE DE L'AIR

Présentation au drapeau de jeunes recrues du contingent 69/1 sur la base aérienne 117 à Paris, le 14 février 1969. Affectés à l'issue d'un mois d'instruction sur les bases aériennes, les appelés du contingent participent pleinement aux missions de l'armée de l'air.

En fonction de leur qualification ou de leurs aptitudes, les appelés du contingent occupent des postes variés au sein de l'armée de l'air. Le plus souvent affectés à des postes administratifs, ils peuvent aussi devenir conducteurs de chiens de guerre, comme ces fusiliers-commandos de l'air photographiés lors d'une prise d'armes sur la base aérienne de Nîmes-Courbessac, le 10 septembre 1969.

Cérémonies et prises d'armes permettent aux jeunes recrues du contingent de découvrir les traditions et l'histoire de l'armée de l'air. Les appelés assistent ici, lors de leur présentation au drapeau le 18 avril 1969, à une remise de décorations effectuée par l'ancien chef des Forces aériennes françaises libres, le général d'armée aérienne Martial Valin.

1970

EN AFRIQUE

Survolant le port de Djibouti, un Noratlas du groupe aérien mixte d'outre-mer (GAMOM) 88, au début des années soixante-dix. À leur indépendance, la majorité des nouveaux États africains signe des accords bilatéraux de défense avec la France. Certains états optent pour une participation française à la formation de leur force aérienne naissante, grâce à quelques dizaines de militaires intégrés dans les formations nationales. D'autres autorisent l'implantation de bases aériennes où stationne l'armée de l'air. C'est le cas de la BA 188 de Djibouti sur le territoire français des Afars et Issas, de la BA 181 d'Ivato à Madagascar, de la BA 172 de Fort-Lamy au Tchad et de la BA 160 de Dakar-Yoff au Sénégal.

Un Sikorsky H-34 et trois Noratlas du COTAM sur le terrain de Fort-Lamy, en 1970. Le n° 176 au premier plan porte l'insigne du GMT 59 « Orléans », unité créée sur place le 1er juillet 1969 avec des avions de liaison Broussard, de transport Noratlas, des hélicoptères Alouette II et Sikorsky H-34.

Un Sikorsky H-34 Pirate, du groupe mixte de transport 59 « Orléans » (créé notamment avec des éléments de l'escadron d'hélicoptères 2/67 « Valmy ») se pose en brousse dans le secteur de N'Gama au Tchad, en 1970. Quand une insurrection éclate dans ce pays en 1968, la France, liée par des accords de défense, déclenche l'opération *Limousin* de mars 1969 à juin 1971. L'armée de l'air engage 750 hommes. Elle assure des missions de transport, notamment des détachements d'infanterie héliportés, des reconnaissances à vue et des missions d'appui-feu déterminantes pour le succès de l'opération.

Des Douglas AD-4NA Skyraider de l'escadron d'appui aérien (EAA) 1/22 « Ain » à N'Djaména, en 1973. Des AD-4NA de l'EAA 1/21 basé à Djibouti depuis 1963 ou destockés de l'EAA 601 de Châteaudun interviennent, dès 1968, au Tchad, pour des missions d'appui-feu et de reconnaissance. Le 1er mars 1969, l'escadrille légère d'appui aérien 1/22 est créée avec des effectifs prélevés sur ceux de l'EAA 1/21 et de l'EAA 2/21 stationné à Ivato depuis 1964, avant de devenir l'EAA 1/22 « Ain » le 1er juillet 1972. De sa création à son départ du Tchad en 1975, cet escadron effectue sous le contrôle opérationnel de la FATac (2e CATac) de nombreuses missions de guerre sur ce théâtre d'opérations.

HB

SOUS LE PLATEAU D'ALBION

Devant le véhicule de transport de la charge nucléaire (à l'extrême gauche de la photo) et ceux d'accompagnement, le personnel chargé de la sécurité et de sa mise en place sur son vecteur prend ses dernières consignes.

L'installation du vecteur, un missile S2 pourvu d'une tête nucléaire d'environ 130 kilotonnes, dans un véhicule de transport. Un premier tir d'évaluation opérationnelle de cette arme de 3 000 kilomètres de portée est réalisé le 16 décembre 1971. En 1973, ce missile balistique est remplacé par le S3, équipé de leurres qui augmentent les capacités de la tête nucléaire à échapper aux défenses sol-air.

En respectant scrupuleusement les consignes spéciales de sécurité, les techniciens du dépôt atelier de munitions spéciales (DAMS) procèdent à la mise en silo d'une charge SSBS. Les pompiers de la section de sécurité incendie et sauvetage du 1er groupement de missiles stratégiques sont prêts à intervenir.

Vue aérienne des installations du 1er groupement de missiles stratégiques (GMS) sur le plateau d'Albion, en Haute-Provence. La deuxième composante des forces nucléaires stratégiques, également confiée à l'armée de l'air, devient opérationnelle le 2 août 1971. Mis en œuvre par le 1er GMS, 18 missiles sol-sol balistiques stratégiques (SSBS) sont en position de tir dans leurs silos enterrés.

QUELQUES SPÉCIALITÉS DE L'ARMÉE DE L'AI

Scène du contrôle local aérien de la base aérienne 110 de Creil dans les années soixante-dix. Les contrôleurs aériens du CLA assurent la veille et la gestion des mouvements aériens sur la base aérienne, autant visuellement que grâce aux moyens électroniques.

Équipage d'un Sikorsky H-34 du détachement permanent d'hélicoptères 5/68 à Istres, équipé pour les missions *Search and Rescue* (SAR). Conformément aux conventions internationales, l'armée de l'air participe, en France, au service SAR chargé des opérations de recherches et sauvetage des aéronefs aussi bien sur terre (SATER) que sur mer (SAMAR). Elle peut aussi intervenir lors du déclenchement des plans *Orsec* ou dans la lutte contre les feux de forêts.

Dès ses origines, l'armée de l'air, en faisant appel à un large éventail de métiers, apparaît comme une armée de techniciens. Elle organise et classe son personnel en plusieurs dizaines de spécialités qui vont du pilote de chasse au mécanicien-atelier en passant par l'interprétateur-photographique.

Ravitaillement en carburant d'un Mirage III C de la 10e escadre de chasse sur la base aérienne 110 de Creil, dans les années soixante-dix. Le service des essences aux armées (SEA), service pétrolier interarmées, assure progressivement l'approvisionnement des avions de l'armée de l'air depuis les années soixante.

1973

JAGUAR ET MIRAGE DE LA FORCE AÉRIENN

En juin 1973, sur la base aérienne belge de Florennes, lors du concours de reconnaissance aérienne de l'Otan *Royal Flush XVII*, présentation d'une mission à la presse par le capitaine Nicolau, pilote de Mirage III RD à l'escadron de reconnaissance 3/33 « Moselle ». L'escadron remporte la première place par équipe et le capitaine Nicolau prend la tête du classement individuel. La 33e escadre de reconnaissance, basée à Strasbourg-Entzheim, remporte régulièrement ces épreuves, qui ont lieu chaque année depuis 1956, opposant des unités de reconnaissance de plusieurs forces aériennes de l'Alliance Atlantique.

SEPECAT Jaguar A de l'escadron de chasse 1/7 « Provence » à Saint-Dizier, peu avant la cérémonie officielle du 19 juin 1973 marquant son entrée en service dans l'armée de l'air et l'arrivée de la 7e escadre de chasse sur la BA 113. Le « Casque de Bayard », insigne de la SPA 15, est porté sur la dérive de l'appareil au premier plan. Le « Provence », est le premier escadron à mettre en œuvre ce biréacteur franco-britannique destiné aux missions d'assaut conventionnel, également apte à la pénétration nucléaire tactique, mission principale de la 7e EC. Le 24 juillet 1974, un Jaguar de l'EC 1/7, piloté par le commandant Gauthier, procède à un tir d'AN-52 sur l'atoll de Mururoa, lors de l'opération *Maquis*.

Photographié sur la base aérienne 120 de Cazaux en juin 1972, un Dassault Mirage 5 F de l'escadron de chasse 3/13 « Auvergne ». Le Mirage 5 F, version à l'avionique simplifiée du Mirage III E, équipe à partir de 1972 deux escadrons de chasse de la FATac-1re RA.

Un Dassault Mirage III E de l'escadron de chasse 2/4 « La Fayette », équipé d'une arme nucléaire tactique AN-52, probablement inerte, en zone d'alerte sur la base aérienne de Luxeuil. La 4e escadre de chasse est la première de l'armée de l'air à assurer la mission de frappe nucléaire pré-stratégique, dite « d'ultime avertissement ». Le 28 août 1973, lors de l'opération *Tamara*, le lieutenant-colonel Copel du « La Fayette », à bord d'un Mirage III E, effectue un tir réel d'une arme AN-52 sur l'atoll de Mururoa.

1974

NOUVEAUX MOYENS POUR LA DÉFENSE A

Sur la base aérienne 112 de Reims en août 1974, un Dassault Mirage F-1 C de l'escadron de chasse 2/30 « Normandie-Niemen ». Précédemment équipée de Vautour II N, cette unité du CAFDA est la première à recevoir ce nouveau chasseur à ailes en flèches en 1973, avant d'être déclarée officiellement opérationnelle sur cet appareil, le 31 janvier 1974.

Sur le Mont Thou, le radôme du radar tridimensionnel Palmier G du centre de détection et de contrôle de Lyon Mont-Verdun (BA 942), opérationnel depuis novembre 1973. La base aérienne 942 participe à la couverture radar du sud-est de la France au profit de la défense aérienne, dont le centre d'opérations (CODA) se trouve à Taverny. Le CAFDA surveille l'espace aérien national grâce aux stations radar et s'appuie sur le système de transmission automatisé STRIDA qui recueille et diffuse les données provenant de différents réseaux de détection, dont celui de l'Otan, le NADGE.

Des opérateurs du poste de commandement STRIDA du centre de détection et de contrôle de Doullens (BA 922). Ce système automatisé, avec ses ordinateurs, est un apport essentiel de l'informatique à l'armée de l'air, qui s'appuie aussi depuis 1968 sur le réseau hertzien Air 70 associé aux relais automatiques d'informations digitales (RAID) de commutation des messages. Mis au service du CAFDA, ces systèmes de transmissions évolués relèvent du commandement des transmissions de l'armée de l'air (CTAA).

Une batterie de missiles Crotale en cours d'évaluation à Mont-de-Marsan, en juillet 1974. Ce système de défense antiaérien est composé d'une unité d'acquisition et d'unités de tir. Pour la protection à basse altitude de ses bases aériennes, tâche un temps abandonnée après la dissolution de l'artillerie de l'air en 1957, l'armée de l'air se dote, à partir du milieu des années soixante-dix, de batteries de missiles sol-air Crotale et de canons antiaériens.

Des mécaniciens du groupe d'entretien et de réparation de matériel spécialisé (GERMAS) 15/096 déposent le réacteur Atar 9B du Mirage III B n° 201 de l'escadron d'entraînement 2/328 rattaché au centre d'instruction des forces aériennes stratégiques (CIFAS) 328, à Bordeaux-Mérignac. Ces biplaces servent à l'entraînement sur « delta » des pilotes de Mirage IV A. Une version spécifique, le Mirage III B2, leur permet de se former au ravitaillement en vol.

Portant encore sa livrée métallique d'origine, un Dassault Mirage IV A en « grande visite » au GERMAS 15/096 de Bordeaux-Mérignac, en juin 1975. La disponibilité maximale de ses avions contribue à la crédibilité des FAS. Le Mirage IV A a d'abord été conçu pour la pénétration à haute altitude avant d'être adapté, au début des années soixante-dix, à la pénétration à basse altitude : il est donc camouflé en conséquence à partir de 1975.

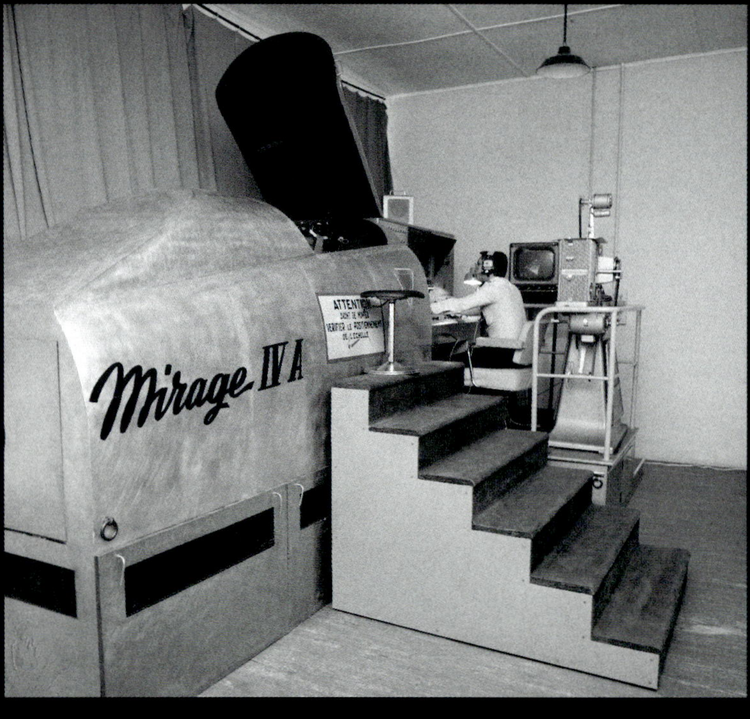

Au sol, les navigateurs effectuent une partie de leur formation au SNB du Mirage IVA, grâce à un simulateur. Le moniteur est installé devant un pupitre où il peut suivre sur un écran-radar le film du vol qu'il projette sur le scope de l'élève-navigateur.

Un navigateur de Mirage IV A s'entraîne sur un simulateur du système de navigation et de bombardement (SNB), installé à bord d'un Noratlas SNB pour la formation en vol.

Situé à 50 mètres sous terre, le centre d'opérations des forces aériennes stratégiques (COFAS), surnommé la « cuve », est situé à Taverny. C'est le poste de commandement opérationnel du général commandant les FAS, placé directement sous les ordres du président de la République. Un PC identique est implanté à Lyon Mont-Verdun. Les liaisons entre le COFAS et le pouvoir politique, d'une part, et les unités dotées de l'armement nucléaire, d'autre part, sont assurées par plusieurs réseaux de transmissions.

DANS LES ÉCOLES DE L'ARMÉE DE L'AIR

La base aérienne 726 de Nîmes abrite l'école de formation initiale des sous-officiers de l'armée de l'air (EFISO). Tous les jeunes engagés, au titre du personnel non navigant, y suivent un cursus de seize semaines avant de se spécialiser à l'issue de ce stage. Le certificat d'aptitude militaire (CAM) qui leur est remis au cours d'une cérémonie regroupant toute la promotion sanctionne cette formation.

L'école d'enseignement technique de l'armée de l'air (EETAA) de la base aérienne 722 de Saintes accueille, depuis 1949, des adolescents de quinze à seize ans, les « Arpètes », afin de les former, aux spécialités techniques les plus recherchées de l'armée de l'air, dont celles d'électroniciens ou de mécaniciens avions.

Le centre d'instruction des contrôleurs d'opérations et des contrôleurs de circulation aérienne (CICOCCA) 00/910 est installé dans l'enceinte de la base aérienne 102 de Dijon-Longvic. C'est à l'aide de cette maquette animée que les stagiaires s'exercent au contrôle local d'aérodrome.

Après la promulgation du décret n° 73-329 du 23 mars 1973 portant sur le statut particulier des corps féminins des armées, l'école interarmées du personnel militaire féminin (EIPMF) est implantée sur l'ancienne base aérienne de Caen-Carpiquet. La vocation de cette école est la formation de base des élèves officiers et sous-officiers au travers d'un cours commun, puis une spécialisation en fonction de leur arme d'affectation. On voit ici une des élèves s'exerçant au tir.

1977

NOUVELLES OPÉRATIONS EN AFRIQUE

Un sergent-chef du CIFAS 328 entretient un conteneur photographique CT 52, mis en œuvre par les équipages de Dassault Mirage IV A pour des missions de reconnaissance lointaine.

Dès sa mise en service en unité, le SEPECAT Jaguar est déployé en Afrique. Ainsi, du 4 au 10 décembre 1976, dans le cadre des exercices de déploiement de la composante air des forces d'intervention (CAFI) du 2e CATac (relevant de la FATac-1re RA), des SEPECAT Jaguar de la 11e escadre de chasse, assistés d'un C-135 F des FAS, rallient Abidjan (Côte d'Ivoire) pour participer à *Abijag III*. Dès la fin des années soixante, des F-100 Super Sabre de la 11e EC avaient ouvert la voie aux Jaguar à l'occasion de déploiements similaires, lors desquels les chasseurs-bombardiers sont ravitaillés en vol.

Répondant aux accords de défense signés avec la Mauritanie, la France déploie, dans le cadre de l'opération *Lamantin*, plusieurs unités pour faire face à la menace du Front *Polisario*. Le Breguet 1150 Atlantic de l'aéronautique navale sert d'aide à la navigation et à l'éclairage des cibles pour des SEPECAT Jaguar de la 11e escadre de chasse.

L'armée de l'air assure, au profit de pays alliés, des missions de soutien logistique. Ainsi, en juillet 1977, lors de l'opération *Camomille*, des Transall C160 de l'escadron de transport 3/61 « Poitou » réalisent un pont aérien entre N'Djamena et le terrain de Faya, au bénéfice de l'armée tchadienne.

1978

ENTRE EST ET OUEST

Dans le cadre d'échanges entre les écoles de l'air américaine et française, des cadets américains (de gauche à droite, le cadet Jeffry Jackson, le cadet Scott Liard, le cadet Steve Scheuermann et le cadet Bruce Gebhard) séjournent sur la base aérienne 701 de Salon-de-Provence durant quelques mois et profitent des cours dispensés à leurs homologues français.

Le général de corps aérien Michel Forget, issu de la promotion 1946 de l'École de l'air, effectue pendant la Guerre froide une carrière complète de pilote de chasse. Il assume tous les commandements de défense aérienne correspondant à sa spécialité et marque de son empreinte la force aérienne tactique de la 1re région aérienne, qu'il rejoint en 1976 avant d'en prendre le commandement en 1979 pour quatre ans. Les deux tiers des avions de combat dont dispose l'armée de l'air sont alors sous ses ordres. Il quitte le service actif en 1983, après 6500 heures de vol, dont 3500 sur chasseur à réaction.

Répondant à une visite de l'escadron de chasse 2/30 « Normandie-Niemen » en URSS, en juillet 1977, des Mikoyan-i-Gourevitch MiG 23 ML, arrivant de la base de Kubinka, se posent sur la base aérienne 112 « Marin la Meslée » de Reims, le 4 septembre 1978. Symbole des liens historiques qui unissent étroitement les deux forces aériennes, ces échanges n'ont pas cessé depuis lors.

1979

LE TRANSPORT AU SERVICE DE TOUS

Symbole de l'engagement du personnel du transport aérien militaire dans l'opération *Magnolia*, consistant dans le transport de vivres entre Bangkok et Phnom-Penh, des croix rouges sont apposées sur ce Transall C160 de la 61e escadre de transport, dont l'insigne reste visible sur le côté, selon une tradition de l'armée de l'air qui consiste à marquer par des croix le nombre de missions effectuées.

Le centre d'instruction des équipages du transport (CIET) assure une double mission lors de son détachement sur l'île de Saint-Pierre-et-Miquelon. Formant en priorité les équipages de transport au vol transocéanique, il assure aussi le ravitaillement en denrées alimentaires non congelées de la population insulaire.

Le 15 novembre 1979, un Transall C160 de la 61e escadre de transport est mis à la disposition du comité international de la Croix-rouge pour une opération humanitaire au Cambodge. Avant le départ de l'opération *Magnolia*, une présentation a lieu sur la base d'Orléans, à laquelle assistent M. Blanc, préfet de région, le colonel Jourdan, commandant de la base, le secrétaire d'État auprès du ministre des Affaires étrangères, Olivier Stirn, et le général Flachard, commandant le transport aérien militaire (de gauche à droite).

L'ENTRAÎNEMENT EN CONTINU

L'exercice majeur de défense aérienne, ou *Datex*, voit la force aérienne tactique et les forces aériennes stratégiques effectuer des raids « hostiles » que doivent intercepter les avions de la défense aérienne. Il s'agit d'un test grandeur nature pour vérifier les capacités de réaction et logistiques des forces aériennes, auquel participe la grande majorité des unités de l'armée de l'air.

À l'issue d'un vol d'entraînement, un Dassault-Dornier Alphajet du groupement école 314 en approche finale de la piste de la base aérienne 705 de Tours. Issu d'un programme franco-allemand, l'Alphajet est entré en service, en juin 1979, dans les écoles de l'armée de l'air. Destiné à l'entraînement avancé, il remplace progressivement les Lockheed T-33 et les Dassault Mystère IV A, ainsi que le Fouga Magister au sein de la *Patrouille de France*.

Les activités d'une section de sécurité incendie et de sauvetage (SSIS) sont triples : lutte contre les feux de cellules, les feux d'installations et les produits dangereux ou corrosifs ; entraînement et instruction de son personnel spécialiste ; enfin, instruction du personnel de la base aérienne à la prévention et à l'emploi des matériels. Pour ce faire, des incendies sont déclenchés afin de simuler des conditions d'intervention réelles.

E 12

SAVIEM

AVANT ET APRÈS UNE MISSION

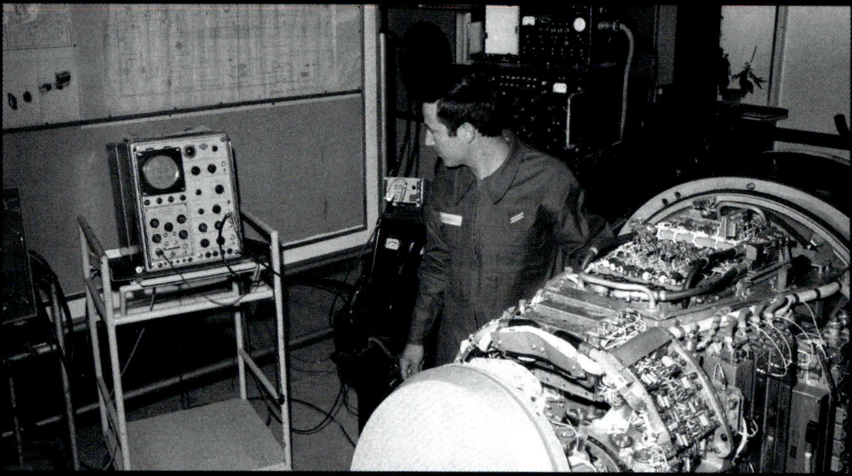

Entretien du radar Cyrano II B d'un Dassault Mirage III E, employé tout aussi bien à des missions air-air que air-sol.

Des armuriers ou « Pétafs » fixent un missile air-air Matra Super 530F, à guidage électromagnétique semi-actif, sur un Dassault Mirage F1 C de l'escadron de chasse 2/12 « Picardie ».

Un mécanicien vérifie le bon fonctionnement des boîtiers électroniques du système de navigation et d'armement (SNA) d'un Dassault Mirage III E.

La météorologie est un facteur important de la préparation d'une mission : la connaissance des conditions climatiques nécessite des relevés journaliers effectués par la section météorologique qui les communique aux escadrons.

1982

L'ARMÉE DE L'AIR SUR LE PAPIER

Le service administratif du commissariat de l'air 00/875 (SACA), implanté sur la base aérienne 117, administre et rétribue le personnel affecté outre-mer.

Conformément à la loi sur les archives, le service historique de l'armée de l'air collecte les archives produites par les unités et services pour en assurer leur conservation. De plus, il reçoit des legs ou des dons de la part de particuliers afin d'enrichir ses collections et recueille des témoignages oraux auprès des différents acteurs de l'histoire de l'aviation militaire. La loi fixe le cadre juridique de la communication des archives publiques.

Dès son incorporation, l'appelé est pris en charge par les services administratifs de sa base aérienne d'affectation. Le commissariat de base verse la première solde au nouvel aviateur et gère tous les aspects de la vie quotidienne, de l'ordinaire à l'habillement, sans oublier le logement et le divertissement.

1983

OPÉRATION « MANTA »

Répondant aux accords de défense liant la France au Tchad, le gouvernement français décide de déployer, le 9 août 1983, une force de dissuasion conventionnelle afin de stopper l'avancée des troupes rebelles tchadiennes soutenues par la Libye. Un SEPECAT Jaguar A de l'escadron de chasse 4/11 « Jura » est en attente d'un vol, sous la protection d'un fusilier commando de l'air.

Un Dassault Mirage F1 C-200 décolle du terrain de N'Djamena pour une mission de défense aérienne. Dès le début de *Manta*, des Mirage F-1 C de l'EC 1/5 « Vendée » sont déployés au Tchad. Ravitaillables en vol, ces appareils du CAFDA opèrent conjointement avec les Jaguar de la FATac.

Un Transall C160 NG vient de se poser sur un terrain sommaire au Tchad. Depuis sa mise en service, le Transall démontre sa grande aptitude à rester opérationnel loin de sa base.

Avant le déchargement de la soute d'un Transall C160, un rouleau compresseur égalise la piste pour permettre le passage des véhicules.

1984

L'ARMÉE DE L'AIR A 50 ANS

Armés de missiles air-air Matra R550 Magic et Super 530F, deux Mirage 2000 C de l'escadron de chasse 1/2 « Cigognes ». En juillet 1984, la 2e escadre de chasse de Dijon est la première à recevoir ce nouveau chasseur dont la silhouette évoque celle du Mirage III. C'est en fait un appareil d'une nouvelle génération, le premier avion de combat de l'armée de l'air à être pourvu de commandes de vol électriques. Les premiers Mirage 2000 monoplaces et biplaces sont équipés d'un réacteur M53-5 et d'un radar Doppler multi-fonctions (RDM), les suivants étant équipés d'un réacteur M53-P2 plus puissant et d'un radar Doppler à impulsion (RDI) qui, associé au missile Super 530D, leur confèrent une pleine capacité de repérage et de tir vers le bas.

Le capitaine Michel Croci pose sur son SEPECAT Jaguar de l'escadron de chasse 4/11 « Jura ». Détaché au Tchad, le 25 janvier 1984, dans le cadre de l'opération *Manta*, il trouve la mort, lors d'une reconnaissance au-dessus du puits de Toro Doum (Tchad), pour évaluer le dispositif des troupes rebelles tchadiennes. Son appareil, touché par un ou plusieurs obus de 23 mm, s'écrase. Le 3 février, ses obsèques se déroulent sur la base aérienne 106 de Bordeaux-Mérignac. La mention « Mort pour la France » lui est attribuée, le même jour, par décision du ministre de la Défense.

Le 2 juillet 1984, des pilotes et des mécaniciens de l'EC 1/2 « Cigognes », sans oublier la cigogne Hélène, sont alignés devant leurs Mirage 2000 C et B. En provenance de Mont-de-Marsan, ils viennent de se poser sur la base aérienne de Dijon où a lieu une importante cérémonie à laquelle assistent Charles Hernu, ministre de la Défense, et le général Bernard Capillon, chef d'état-major de l'armée de l'air. Elle marque les cinquante ans de l'armée de l'air et l'arrivée des dix premiers Mirage 2000 à la 2e escadre de chasse dont deux escadrons, l'EC 1/2 « Cigognes » et l'EC 3/2 « Alsace », relèvent du CAFDA depuis le 1er juillet 1983.

LE TRANSPORT ENTRE CONTINUITÉ ET MODE

Le 25 avril 1985, cérémonie d'arrivée sur la base aérienne 107 des premiers hélicoptères Aérospatiale AS 355F Écureuil affectés à l'escadron d'hélicoptères 3/67 « Parisis ». Le général Clariond, commandant le transport aérien militaire, et le commandant Cudey, commandant l'EH 3/67, baptisent l'engin en découvrant l'insigne de son unité, le célèbre « Pégase ».

Complétant les moyens de renseignements du dispositif *Manta*, un Noratlas de l'ET 2/63 « Vercors » effectue des reconnaissances à vue, à basse altitude, en embarquant un opérateur photographique. Deux fusiliers-commandos de l'air complètent l'équipage pour renforcer sa sécurité, en cas d'atterrissage inopiné.

À l'issue de sa formation sur la base aérienne 745 d'Aulnat puis sur la base aérienne 702 d'Avord, l'élève pilote à vocation d'officier (EPVO) Isabelle Boussaert est « macaronée » par le ministre de la Défense, Charles Hernu, le 30 janvier 1985. Elle est la première femme brevetée par les écoles de pilotage de l'armée de l'air.

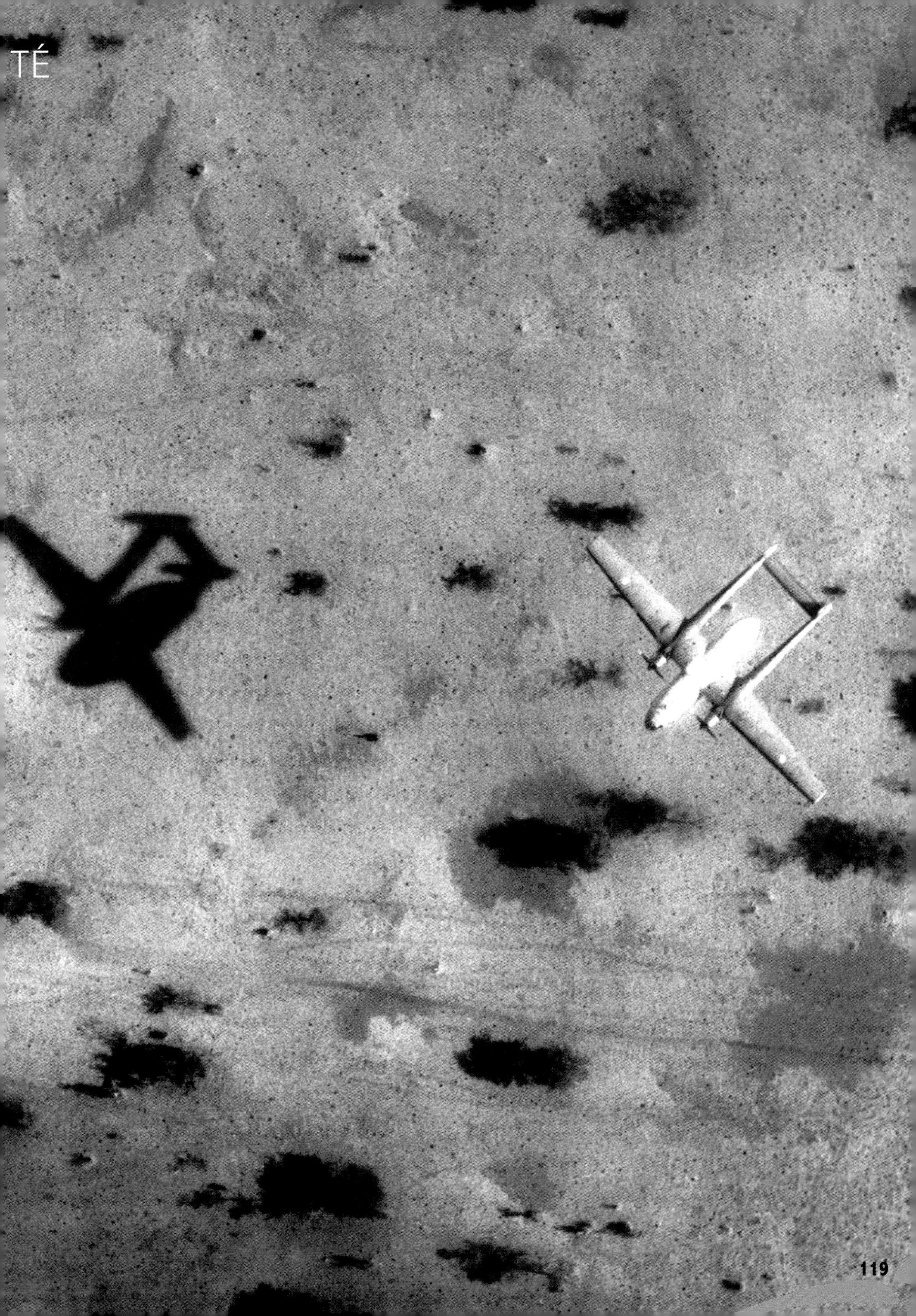
TÉ

OPÉRATION « ÉPERVIER »

Ici, dans le ciel lorrain, un SEPECAT Jaguar revêtu d'un camouflage « désert » est armé dans la même configuration (bombes anti-pistes BAP 100) que celle employée pour attaquer le terrain de Ouadi Doum.

Répondant à l'appel du gouvernement tchadien et suite au non-respect par la Libye des accords du 17 septembre 1984, qui prévoient le retrait des troupes des deux puissances, la France décide de lancer, dans la nuit du 16 au 17 février, l'opération *Épervier*. Il s'agit de mettre en place un dispositif militaire interarmes. Afin de protéger le terrain de N'Djamena des attaques d'appareils libyens, des missiles sol-air basse altitude, courte portée, Crotale THD 5000 (ici, le véhicule de tir et son groupe électrique) sont mis en batterie.

Servant à la fois de ravitailleur en vol et de poste de commandement, des Boeing C-135F des FAS sont déployés sur le théâtre d'opération tchadien.

En combinant l'effet de surprise, la concentration de leurs forces et l'utilisation des contre-mesures, des SEPECAT Jaguar A de l'escadron de chasse 1/11 « Roussillon » attaquent le 16 février 1986, à 8 heures locales, la piste de Ouadi Doum. Située à 250 km au nord du 16e parallèle, cette piste, importante base logistique opérationnelle depuis l'automne 1985, s'avère indispensable pour les opérations engagées sur le 16e parallèle début février par les troupes du GUNT et leurs soutiens libyens. Les Jaguar sont escortés par des Dassault Mirage F1 C de la 5e escadre et ravitaillés en vol par des Boeing C-135F de la 93e escadre. Le dispositif comprend aussi des Breguet Atlantic de l'aéronavale, chargés de la protection électronique. Bien que défendue par d'importants moyens sol-air, l'attaque de Ouadi Doum est effectuée à l'aide d'un armement spécialisé (bombes anti-pistes BAP 100) et conventionnel (bombes freinées de 250 kg). Prélude à l'opération *Épervier*, cette mission, dont le seul objectif est la neutralisation de cette piste susceptible de recevoir des avions de combat, a vu le retour de tous les appareils engagés.

LES VECTEURS DE LA DISSUASION

Décollage assisté par fusées JATO d'un Mirage IV du « Gascogne » en configuration lourde à Mont-de-Marsan. Ces fusées à poudre fournissent une poussée additionnelle de cinq tonnes et permettent d'opérer à partir de pistes courtes ou par forte température. La bombe atomique visible sous l'appareil est une maquette très fidèle, pour restituer les conditions réelles d'un décollage en alerte opérationnelle.

Équipé de deux réservoirs pendulaires RP 20 de 2 500 litres, un Mirage IV P de l'escadron de bombardement 1/91 « Gascogne » en vol d'entraînement. Cet appareil, ravitaillable en vol, possède un rayon d'action supérieur à 4 000 km et peut voler à Mach 2,2 à haute altitude pendant plus d'une demi-heure, rendant très difficile une éventuelle interception.

Fixée à son pylône de lancement sous un Mirage IV P, l'arme à tête thermonucléaire ASMP, d'une puissance variant entre 100 et 300 kilotonnes. Il s'agit d'un missile de croisière très manœuvrant, largué à quelques centaines de kilomètres de sa cible, dont la centrale à inertie s'est alignée sur celle du Mirage en enregistrant ses paramètres et les coordonnées de l'objectif, vers lequel son puissant statoréacteur le propulse alors inexorablement à plus de Mach 2. Les douze fusées d'appoint JATO sont fixées à l'arrière des logements du train d'atterrissage.

Le 3 février 1987, le président de la République, François Mitterrand, effectue une visite officielle sur la base aérienne 200 d'Apt. À cette occasion, il réaffirme l'importance des missiles à longue portée et à tête nucléaire mégatonnique dans le dispositif dissuasif français. Accompagné par le ministre de la Défense, Alain Giraud, et le chef d'état-major de l'armée de l'air, le général Achille Lerche, il se rend par hélicoptère sur une zone de lancement surmontant l'un des 18 silos contenant les fusées balistiques S3D du plateau d'Albion. À l'issue de sa visite, François Mitterrand annonce le renforcement du site et de ses équipements.

1988

L'ÈRE DU MIRAGE 2000 NUCLÉAIRE

Un Dassault Mirage 2000 N du « Dauphiné » en configuration de pénétration à basse altitude lors d'un vol entraînement. Son radar de suivi de terrain *Antilope V* lui permet de voler à moins de 200 mètres du sol en pilotage automatique.

Les Mirage 2000 N sont biplaces, car la sophistication des systèmes de navigation et de suivi de terrain implique la présence d'un navigateur, qui doit aussi gérer le système d'armes. La répartition de la charge de travail est devenue la garantie de l'efficacité opérationnelle de l'appareil.

Le 30 mars 1988, les dix premiers Mirage 2000 N affectés à l'escadron de chasse 1/4 « Dauphiné » se posent sur la base aérienne 116 de Luxeuil-les-Bains. L'arrivée de ces avions donne lieu à un défilé aérien et à une remise de décorations présidée par le général Pierre Richalet, commandant en second de la FATac-1re RA. Optimisé pour la pénétration tout temps à basse altitude avec suivi automatique du terrain, le Mirage 2000 N est le nouveau vecteur du missile thermonucléaire ASMP. Il emporte aussi des missiles Matra Magic pour son autodéfense, dispose de contre-mesures électroniques intégrées et du détecteur de menace *Serval*. Le brouilleur *Caméléon* est encore une innovation spécifique de la version nucléaire du Mirage 2000.

1989

L'AVION DE COMBAT DU FUTUR

Le démonstrateur Rafale A, ravitaillable en vol, effectue son premier vol avec des réacteurs SNECMA M 88-2, le 27 février 1990. C'est un chasseur polyvalent dont l'armée de l'air prévoit de commander 230 exemplaires. Ses réacteurs ont une poussée unitaire de 73 KN, ses commandes électriques, gérées par de puissants calculateurs, permettent un excellent contrôle dans toutes les évolutions, même en atmosphère turbulente. En mission nucléaire avec un missile ASMP-A, il possède le même rayon d'action que le Mirage IV P.

Vedette du salon de l'aéronautique et de l'espace du Bourget en 1989, le démonstrateur du biréacteur polyvalent Dassault Rafale concentre de très nombreuses avancées technologiques. Sa cellule est partiellement constituée de titane et d'un composite de carbone avec résine durcissant thermiquement, ses soudures procèdent par diffusion du titane. Son avionique intègre les avancées les plus récentes. Le futur Rafale, dont le démonstrateur a effectué son premier vol à Istres en juillet 1986, est destiné à remplacer tous les avions de combat de l'armée de l'air et à être équipé à court terme de conduites de tir *Apache* et AGL, pour l'attaque air-sol, et *Mica*, pour le combat aérien. L'appareil totalise déjà 431 vols d'essais.

En approche au Bourget, le démonstrateur Rafale révèle une de ses particularités. Ses gouvernes de profondeur sont de formule « canard », situées à l'avant du fuselage et au-dessus des entrées d'air des réacteurs. Lors de son premier vol, aux mains du pilote d'essais Guy Mitaux-Maurouard, l'appareil dépasse la vitesse du son sans avoir recours au système de postcombustion. Les performances affichées par ce prototype sont impressionnantes : Mach 1,4 à 13 000 mètres d'altitude et des évolutions sous facteurs de charge de + 9 *g* à – 3,6 *g*.

La fin de la Guerre froide avec l'éclatement du bloc soviétique bouleverse la donne stratégique tandis que de nouveaux risques d'affrontement voient le jour. Dans ce nouveau cadre international, l'armée de l'air modifie en profondeur tant ses modes d'action que son organisation. La suspension du service national, décidée en 1996, contraint à une réduction des effectifs compensée par la mise en service d'un matériel plus performant, qu'il s'agisse des Mirage 2000N de dissuasion nucléaire ou du Rafale. En outre, l'armée de l'air est de plus en plus régulièrement sollicitée pour assurer des missions de projection de puissance et de force, dans le cadre d'interventions en Afrique ou dans des conflits régionaux dans le Golfe (1991), en Bosnie (1995), au Kosovo (1999) ou en Afghanistan, depuis 2001. Après une première réorganisation en 1994, l'armée de l'air s'engage dans une restructuration de grande ampleur au début des années deux mille. Jusqu'à la mise en œuvre du plan Air 2010, elle regroupe sept grands commandements dont deux opérationnels, le commandement de la défense aérienne et des opérations aériennes (CDAOA) et le commandement des forces aériennes stratégiques (CFAS). Les cinq autres sont organiques, qu'il s'agisse du commandement de la force aérienne de combat (CFAC), du commandement de la force aérienne de projection (CFAP), du commandement air des systèmes de surveillance, d'information et de communication (CASSIC), du commandement des écoles de l'armée de l'air (CEAA) ou du commandement des forces de protection et de sécurité de l'armée de l'air (CFPSAA).

FACE AUX DÉFIS PRÉSENTS ET FU

1990.

75 ANS
ARMÉE DE L'AIR
1934 – 2009
TURS
.2009

UNE DÉTECTION AÉROPORTÉE POUR L'ARMÉ

À son arrivée sur l'aérodrome du Bourget, le premier Boeing E-3F est déjà équipé d'une perche de ravitaillement en vol. L'avion et son équipage doivent effectuer des missions d'une durée moyenne de 9 heures, en liaison constante avec les stations au sol et les avions de combat dont ils ont la charge, en particulier les Mirage 2000 RDI.

Les quatre E-3F, construits à partir de cellules de Boeing 707-320B, sont progressivement affectés à la 36e escadre de détection aéroportée de la base aérienne 702 d'Avord à partir de mai 1991. Ils jouent désormais un rôle primordial dans tous les conflits où la France est engagée.

Pour surveiller l'espace aérien sans que le relief ne fasse écran, la France commande quatre Boeing E-3F porteurs d'un radar circulaire portant à plus de 400 km. Le 10 octobre 1990, en provenance directe de Seattle, le premier d'entre eux, destiné à l'armée de l'air et officiellement nommé « système de détection et de commandement aéroportés », est accueilli et encadré par deux patrouilles de Mirage F1 C et de Mirage 2000 jusqu'au Bourget où l'intégration de son avionique doit être achevée. L'appareil, destiné à révolutionner la conduite des avions de combat, rejoint la 36e escadre de détection aéroportée, dont il porte déjà l'indicatif sur les flancs du fuselage.

Mesurant plus de neuf mètres de diamètre, le rotodôme aérodynamique, installé sur de grands mâts profilés à 3,50 mètres au-dessus et à l'arrière du fuselage de l'Awacs français, génère sa propre portance, ce qui évite de fragiliser la structure de l'avion. Ce radar permet à l'armée de l'air de détecter toute l'activité aérienne à basse altitude.

« TEMPÊTE DU DÉSERT »

Le 2 août 1990, les troupes de Saddam Hussein envahissent l'émirat du Koweït, pour en faire la 19e province irakienne. La réaction internationale est à l'échelle de ce coup de force visant à s'approprier d'importantes réserves de pétrole. L'Arabie saoudite, se sentant menacée, demande aux puissances occidentales de prévenir une éventuelle agression. Initié par les Américains, le déploiement des forces aériennes de la coalition alliée s'engage dès la promulgation de la résolution 662 du conseil de sécurité des Nations unies le 9 août. Un important dispositif de l'armée de l'air prend alors position en Arabie Saoudite pour participer aux opérations de guerre sur le Koweït et l'Irak à l'automne 1990. Partis de la base saoudienne d'Al Ahsa, ces Mirage 2000 RDI, armés de missiles Matra Magic II et Super 530 D, survolent la zone d'opérations. Des Mirage F1 C de la 12e escadre de chasse effectuent des missions similaires depuis le Qatar, dans le cadre de l'opération *Méteil.*

Décollage imminent pour un Mirage F1 CR de l'ER 3/33 « Moselle » équipé d'une nacelle RAPHAEL emportant un radar latéral de reconnaissance (SLAR) à Al-Ahsa. Présents en Arabie Saoudite dès septembre 1990, les Mirage F1 CR effectuent d'abord des missions de surveillance des frontières irakienne et koweïtienne. Après le déclenchement des combats, ils assurent à partir du 26 janvier des missions de bombardement aux côtés des Jaguar et reprennent leurs vols de reconnaissance, le 4 février.

Après cinq mois de tentatives de négociations, la coalition internationale lance ses forces aériennes à l'aube du 17 janvier 1991 sur tous les objectifs stratégiques et militaires irakiens : batteries de missiles Scud, bases aériennes, réseaux de transmission et usines d'armement chimique et nucléaire. Le premier dispositif français, composé par 12 Jaguar de la 11e escadre de chasse armés de bombes de 250 kg et de Belouga, attaque le terrain d'Al Jaber avec des F-16 et des F-4G Phantom américains, traversant une défense antiaérienne très dense. C'est le début d'une offensive aérienne intense, durant laquelle les Jaguar A forment l'ossature de la force de frappe française. Cet appareil partant en mission emporte des bombes lisses, un missile Magic II d'autoprotection et un brouilleur Barax. Parmi les inscriptions arabes peintes à l'aplomb de la verrière figure le nom de son escadron d'origine : le 3/11 « Corse ».

Le Cotam, largement impliqué dans les opérations pour le transport de munitions et de missiles, a également détaché deux hélicoptères Puma SAR de l'EH 1/67 « Pyrénées » sur la base d'Al-Ahsa. Leurs équipages participent au sauvetage de plusieurs pilotes de chasse alliés. Le bilan de l'activité des appareils du Cotam pour la libération du Koweït est impressionnant : 1 340 missions ont permis le transport de 21 000 passagers, 150 blessés ou malades et 10 500 tonnes de fret.

OPÉRATIONS HUMANITAIRES

Le conflit en Bosnie-Herzégovine débute en avril 1992. Pour secourir la population de Sarajevo, un pont aérien est mis en place sous l'égide des Nations unies. Le 11 juin, le premier détachement de l'armée de l'air, sous mandat de la Forpronu (FORce PROvisoire des Nations unies), débute la remise en état de l'aéroport. Le 29 juin, le lendemain de la visite du président de la République François Mitterrand, le premier avion-cargo, un Transall C160, se pose à Sarajevo. Pendant toute la durée du conflit, le pont aérien reste le seul lien vers l'extérieur, livrant plus de 90 % de l'aide humanitaire destinée à nourrir, à vêtir et à soigner les 440000 habitants de la ville assiégée.

C'est le 29 mai 1992 que débarquent les premiers éléments de l'APRONuC (Autorité PROvisoire des Nations unies au Cambodge), cette force militaire internationale a pour mission d'aider à un règlement politique d'ensemble du conflit cambodgien et de travailler à la reconstruction du pays. À cette fin, l'APRONuC dispose d'un contingent de 12000 hommes, destiné à faire respecter le cessez-le-feu et à assurer le maintien de l'ordre. L'objectif, fixé par les accords de la conférence de Paris d'octobre 1991, reste de désarmer les belligérants et d'instaurer l'entente entre les factions opposées.

L'activité de l'aéroport de Sarajevo se poursuit au plus fort des combats avec des tirs incessants, délibérés ou non. Pour maintenir la piste en état, le génie de l'air renouvelle sans cesse ses opérations de dépollution et de neutralisation d'explosifs (*Nedex*).

Le 4 décembre 1992, la France prend la décision de déployer en Somalie un fort détachement (opération *Oryx*) placé sous commandement américain (opération *Restore Hope*). Lors de cette opération militaire à but humanitaire, 30000 hommes sont déployés afin de soutenir l'ONU dans la distribution de l'aide aux populations frappées par la famine et de protéger celles-ci des milices somaliennes.

1993 D'UN MIRAGE À L'AUTRE

Après les Dassault Mirage 2000 N K-1 destinés au seul assaut nucléaire, la 4e escadre de chasse, qui intègre les FAS le 1er septembre 1991, se dote de Mirage 2000 N K-2 aptes à l'emport d'armements air-sol conventionnels. Les premiers appareils livrés sont modifiés en conséquence par la suite. Les Mirage 2000 N peuvent alors être déployés hors des frontières pour des exercices tels les *Red Flag* aux États-Unis ou sur des théâtres extérieurs, notamment lors de l'opération *Crécerelle* en Bosnie-Herzégovine à partir de l'été 1994 où ils effectuent leur première action de guerre le 21 novembre.

Dérivé du Mirage 2000 N, le Mirage 2000 D est destiné à l'attaque air-sol. C'est le premier appareil français conçu pour mettre en œuvre, de jour comme de nuit et par tous les temps, des armements air-sol conventionnels classiques ou à guidage laser. Le 9 avril 1993, le premier appareil de série est remis à l'armée de l'air à Mont-de-Marsan. Les six premiers Mirage 2000 D, aptes uniquement à l'emploi d'armements guidés laser, intègrent la cellule projetable *Rapace* officiellement opérationnelle le 29 juillet. Elle est constituée d'équipages du CEAM et de l'EC 1/3 « Navarre » qui débute sa transformation sur cet appareil avant de rejoindre Nancy l'année suivante. En 1994, les Mirage 2000 D participent à l'opération *Crécerelle* au-dessus de la Bosnie-Herzégovine.

Au cours de l'été 1991, l'escadron de chasse 2/3 « Champagne » reçoit des Mirage 2000 N K-2 en attendant l'introduction du Mirage 2000 D. Cet escadron de la FATac n'assure cependant que des missions conventionnelles, participant comme la 4e escadre à des opérations ou à des exercices multinationaux. Ainsi, en avril 1993, trois de ses Mirage 2000 N K-2 avec un Mirage 2000 C RDI de la 12e escadre de chasse de Cambrai, rejoignent le Sultanat d'Oman dans le cadre de l'exercice interarmées franco-omanais *Sea Turtle*.

Après des Mirage F1 C puis des Mirage F1 CR dédiés à la reconnaissance tactique, l'armée de l'air reçoit à partir de la fin de 1992 cinquante-cinq Mirage F1 CT optimisés pour le tir air-sol : il s'agit en fait de Mirage F1 C-200 rénovés et modifiés pour cette mission. Mis en œuvre par la 13e escadre de chasse, ces appareils sont rapidement engagés hors de la métropole, pour des exercices internationaux comme *Maple Flag* au Canada, au printemps 1993, ou en opérations au-dessus de la Bosnie-Herzégovine dès 1994.

LES MUTATIONS DE L'ARMÉE DE L'AIR

Base aérienne d'Istres, le 24 septembre 1991 : le général Vincent Lanata, chef d'état-major de l'armée de l'air, et le commandant Philippe Rebourg, pilote d'essais, viennent d'effectuer un vol avec le Dassault Rafale B01 qui préfigure le prochain appareil de combat multirôle de l'armée de l'air. Le général Lanata dirige l'armée de l'air de 1991 à 1994 au moment où celle-ci se réorganise en profondeur dans le cadre du plan *Armées 2000*. Elle s'articule désormais autour de commandements territoriaux, organiques et opérationnels, dont le commandement de la défense aérienne et des opérations aériennes (CDAOA), créé le 1er juin 1994. Assurant depuis Taverny la surveillance permanente de l'espace aérien national, il est chargé de l'organisation et du commandement des opérations aériennes se déroulant au-dessus et à partir du territoire français, tout en participant à l'élaboration de celles menées sur des théâtres extérieurs.

Le 6 juillet 1994, un Embraer EMB-312 Tucano du CEAM arrive à Salon-de-Provence. Cet appareil est appelé à remplacer au sein du groupement d'instruction 312 le Fouga Magister qui a assuré pendant près de quarante ans la formation des élèves-pilotes de l'armée de l'air.

En 1994, les Mirage III et 5 quittent l'armée de l'air qu'ils ont servi pendant trente-trois ans. Une cérémonie marquant l'événement, présidée par le général Norlain commandant la force aérienne de combat, se déroule sur la base aérienne de Colmar le 3 juin 1994. Le célèbre appareil à ailes delta entre dans l'histoire de l'aviation.

BOSNIE : NOUVELLES MISSIONS

Un SDCA Boeing E-3F du 36e escadron de détection et de contrôle aéroporté ravitaillé par un Boeing C-135FR des FAS. Au cours de l'opération *Crécerelle*, les C-135FR ravitaillent au-dessus de l'Adriatique non seulement les E-3F, les Mirage et les Jaguar de l'armée de l'air, mais aussi les autres chasseurs de l'Otan, notamment lors des frappes aériennes en Bosnie-Herzégovine pendant l'opération *Deliberate Force* en 1995.

Un hélicoptère SA 330B Puma de l'escadron d'hélicoptères 1/67 « Pyrénées » à Brindisi en Italie pendant l'opération *Crécerelle*. Cette unité utilise le Puma depuis les années soixante-dix pour assurer la recherche et le sauvetage. Apte depuis 1986 aux missions nocturnes, elle participe en 1991 aux opérations de sauvetage pendant la guerre du Golfe. En 1994, elle détache à Brindisi des Puma dont les équipages acquièrent aux côtés des Américains une nouvelle capacité, la recherche et le sauvetage au combat, ou RESCO. Déclaré opérationnel à la fin de 1994, l'EH 1/67 assure alors la permanence CSAR avec l'USAF sur ce théâtre d'opérations.

À bord d'un SDCA Boeing E-3F, le chef de mission scrute sa console. Engagés au-dessus de l'ex-Yougoslavie depuis le mois d'août 1992, les E-3F de l'armée de l'air assurent la détection des menaces et le guidage des dispositifs aériens, effectuant en dix ans près d'un millier de missions pendant le conflit qui ensanglante les Balkans. En juin 1995, un E-3F français participe à l'opération de recherche et de sauvetage qui permet l'évacuation par hélicoptères du capitaine américain O'Grady dont le chasseur F-16 a été abattu par un missile serbe le 2 juin.

Des commandos de l'air s'exercent à la récupération en territoire hostile d'un pilote abattu. Avec le personnel de l'escadron d'hélicoptères 1/67 « Pyrénées », ils valident à Brindisi au cours de l'année 1994 la capacité française à assurer la mission de recherche et de sauvetage au combat.

1996

LES FORCES AÉRIENNES STRATÉGIQUES ÉVO

Le 1er juillet 1996, le Mirage IV P cesse d'assurer la mission nucléaire au profit du Mirage 2000 N. Dernier escadron de bombardement des FAS, l'EB 2/91 « Bretagne » est dissous à Cazaux le 4 juillet. L'EB 1/91 « Gascogne », stationné à Mont-de-Marsan, devient quant à lui l'ERS 1/91 et assure désormais des missions de reconnaissance stratégiques avec les Mirage IV P encore en service. Le 1er groupement de missiles stratégiques cesse l'alerte opérationnelle le 16 septembre 1996 et le démantèlement du système d'armes sol-sol balistique stratégique commence. La 95e escadre de missiles stratégiques est dissoute le 31 août 1998, ainsi que les unités présentes sur la base aérienne 200 d'Apt Saint-Christol que l'armée de l'air quitte l'année suivante.

Équipés de Mirage 2000 N, armés du missile ASMP, trois escadrons des FAS, l'EC 1/4 « Dauphiné », l'EC 2/4 « La Fayette » à Luxeuil, et l'EC 3/4 « Limousin », à Istres, assurent désormais la mission nucléaire, assistés de ravitailleurs en vol C-135FR. Avec une priorité donnée aux vecteurs nucléaires, les ravitailleurs assurent le soutien des appareils de la force aérienne de combat. Lors des opérations extérieures, ils participent aussi à la mise en œuvre des SDCA E-3F du commandement air des systèmes de surveillance, d'information et de communications.

Un des quatre Transall C160H *Astarté*, pour « avion station relais de transmissions exceptionnelles ». Ils assurent, au cas où les autres voies de communications seraient détruites, la transmission de l'ordre d'engagement du président de la République vers les composantes des forces nucléaires. Les équipages des C160H de l'ET 1/59 « Bigorre » du groupement *Astarté 59*, sont constitués d'aviateurs et de marins, notamment les contrôleurs et les opérateurs transmissions.

1997

FÉMINISATION ET PROFESSIONNALISATION

Cérémonie de présentation au drapeau du contingent 96/06 sur la base aérienne 103 de Cambrai, le 26 juin 1996.

À partir du mois de septembre 1998, les militaires techniciens de l'air féminins peuvent accéder à la spécialité de fusilier commando de l'air. Désormais, tous les métiers de l'armée de l'air sont ouverts sans distinction aux hommes et aux femmes qui la composent.

Le lieutenant Caroline Aigle reçoit, le 28 mai 1999, son brevet de pilote de chasse des mains du chef d'état-major de l'armée de l'air, le général Jean Rannou, sur la base aérienne 705 de Tours. Elle est la première pilote de chasse brevetée par l'armée de l'air. Après un stage de transformation sur la base 120 de Cazaux, le lieutenant Aigle rejoint l'escadron de chasse 2/2 « Côte-d'Or », stationné sur la base 102 de Dijon-Longvic. Elle intègre, en septembre 2006, la division sécurité des vols du commandement des forces aériennes, à Metz.

Le 21 février 1997, à l'issue d'une cérémonie de présentation au drapeau, la première promotion de militaires techniciens de l'air (MTA) sort de son centre de formation (CFMTA), situé sur la base aérienne 722 de Saintes. Créé le 1er octobre 1996 dans le cadre de la professionnalisation de l'armée de l'air, le CFMTA dispense une formation militaire initiale de sept semaines. La formation professionnelle théorique se déroule à Saintes ou sur une autre base aérienne, suivant les spécialités, durant une à trois semaines. La formation professionnelle pratique se fait sur la base d'affectation pendant deux mois. L'ensemble de la formation est sanctionné par le certificat d'aptitude élémentaire (CAE).

L'ARMÉE DE L'AIR À L'INTERNATIONAL

Pilotes de Transall C160 préparant une mission lors de l'exercice *Red Flag 98* sur la base aérienne américaine de Nellis, dans le Nevada. Deux C160 participent avec huit Mirage 2000 à cette édition de l'exercice qui se déroule du 6 janvier au 6 février 1998. L'armée de l'air participe régulièrement à des exercices multinationaux comme les *Red Flag* aux États-Unis ou les *Bright Star* en Égypte.

En février 1998, sur le chemin du retour de *Red Flag*, des Mirage 2000 D participent à l'exercice *Miranda 98* au Venezuela. C'est le premier échange depuis 1927 entre l'armée de l'air et la force aérienne de ce pays équipée de chasseurs Mirage 50 d'origine française et de F-16 de construction américaine.

Un Mirage 2000 C de l'escadron de chasse 1/12 « Cambrésis » et le Rafale B01 en route pour Singapour à l'occasion du salon aéronautique international *Asian Aerospace 98,* qui se déroule du 19 février au 7 mars 1998. Fort d'un dispositif comprenant quatorze avions de combat, de transport et de ravitaillement et près de cent quarante personnes, ce détachement participe à la mission de soutien à l'exportation confiée aux armées.

Dassault Mirage 2000 C français et Northrop F-5E Tiger II singapouriens lors du défilé d'ouverture du salon aéronautique *Asian Aerospace 98*. Parallèlement à ce salon, les Mirage participent à l'exercice de défense aérienne *Eastern Arc* aux côtés des chasseurs de la force aérienne de Singapour (RSAF). Ce déploiement et cet exercice illustrent la capacité de l'armée de l'air à projeter des forces et opérer loin de la métropole.

OPÉRATIONS « TRIDENT » SUR LES BALKANS

Le 1er avril 1999, deux ponts humanitaires sont mis en place à destination de Tirana en Albanie et de Skopje en Macédoine. L'armée de l'air engage des Transall C-160 dans l'opération *Trident Humanitaire* au profit des réfugiés kosovars.

Préparation d'un Mirage 2000 C RDI de l'escadron de chasse 2/12 « Picardie » à Istrana. Les Mirage 2000 C participent à la couverture aérienne du théâtre d'opérations avec d'autres appareils de l'Otan.

Un C 160 *Gabriel* de l'escadron électronique 1/54 « Dunkerque » chargé du recueil du renseignement électronique pendant l'opération *Trident Force alliée*. Des Mirage F1 CR et des Mirage IV P assurent quant à eux, depuis la métropole, des missions de reconnaissance. Les appareils de l'armée de l'air sont par ailleurs soutenus par les Boeing E-3F Awacs de détection aéroportée, des C-135 FR pour le ravitaillement en vol et des SA 330 Puma pour le *Combat Search and Rescue* (CSAR).

Un Mirage 2000 D de l'escadron de chasse 2/3 « Champagne » déployé sur la base aérienne d'Istrana en Italie dans le cadre de l'opération *Trident Force alliée* qui se déroule du 24 mars au 10 juin 1999. Aux côtés des Jaguar, engagés pour la dernière fois dans un conflit européen, et des Mirage F1 CT, les 2000 D participent aux frappes aériennes au Kosovo.

2000

L'EUROPE DE LA DÉFENSE EN AVANT

Remise officielle du drapeau de la 15ᵉ escadre de bombardement sur la base de soutien à vocation interarmées de Petrovec, en Macédoine. Armée pilote pour la mise en œuvre de cette base, l'armée de l'air assure ainsi le soutien administratif et logistique ainsi que la protection des unités françaises déployées en ex-République yougoslave de Macédoine.

Dans un panache tricolore, la *Patrouille de France* annonce le début du défilé de ce 14 juillet placé sous le signe de la défense européenne. Elle est suivie dans les airs par 28 avions du groupe aérien européen (GAE), composé d'aéronefs français, anglais, italiens, espagnols, belges, hollandais et allemands. Créé en 1995 dans un cadre franco-britannique et élargi à sept nations en 1998 et 1999, le GAE a pour objectif de renforcer la capacité des armées de l'air des nations membres à mener des opérations en commun.

Le dernier hiver du XXe est rude : tempêtes et naufrage. Près de 40 000 hommes et femmes de l'armée de l'air sont impliqués dans des opérations de soutien aux populations sinistrées dans le cadre de la mission de service public. Une quarantaine de bases aériennes sont sollicitées entre le plan *Polmar* déclenché lors du naufrage de l'Erika et les tempêtes. Bilan : 1 400 passagers et 330 tonnes de fret transportés, 650 heures de vol par avions-cargos, hélicoptères et avions de reconnaissance, deux kilomètres de digue consolidés ou reconstruits en Charente-Maritime, 150 000 tonnes de gravats et de pierres évacuées.

2001

NOUVEAU FRONT CONTRE LE TERRORISME

Après les attentats du 11 septembre, la France renforce les moyens de protection du territoire, notamment le dispositif de défense aérienne et le plan *Vigipirate*. Les avions de chasse dédiés à la permanence opérationnelle, (ici un Mirage 2000-5), armés de quatre missiles MICA et de deux MAGIC 2 guidés, sont prêts à décoller sur alerte en moins de deux minutes. Certains sites d'intérêt national font également l'objet d'un effort particulier de protection, comme la Hague, dans le Cotentin, où un radar et un système de défense sol-air Crotale sont déployés.

Le 23 octobre 2001, le détachement de Mirage IV P du « Gascogne », spécialisé dans la reconnaissance stratégique, effectue son premier vol au-dessus de l'Afghanistan. En deux mois, il réalise plus de 1 000 dossiers d'objectifs de reconnaissance photographique. Le Mirage IV confirme ainsi ses capacités dans le domaine de la reconnaissance stratégique.

Selon les vœux du président de la République lors d'une allocution prononcée sur la base d'Istres, la France renforce sa participation aux actions militaires menées contre le terrorisme en Afghanistan. À la fin de l'année, un Hercules et un Transall sont les premiers à se poser sur le sol afghan, à Mazar-i-Sharif. Un groupe de transport opérationnel est alors créé à Douchanbé, au Tadjikistan.

ARMEE DE L'AIR
ARMEE DE L

2002

AU SERVICE DES CITOYENS

Le 26 février, six Mirage 2000 D et deux C-135 FR se déploient à Manas, au Kirghizistan. Moins d'une semaine après, dans le cadre de la plus vaste offensive de la coalition lancée contre les positions d'Al-Qaida en Afghanistan (opération *Anaconda*), les premières frappes françaises sont déclenchées par les Mirage 2000 D.

Les escadrons d'hélicoptères 5/67 « Alpilles » et 1/67 « Pyrénées » participent activement au secours des populations victimes des inondations dans le sud de la France (Gard), dans le cadre de la mission de service public de l'armée de l'air. Ils prennent part notamment au colmatage des digues du Rhône et aux évacuations des villages sinistrés.

Depuis 1995, les armées participent au renforcement de la sécurité générale dans le cadre du plan gouvernemental *Vigipirate*. Plus de 2000 aviateurs, provenant de toutes les bases aériennes, patrouillent chaque année avec les forces de police et de gendarmerie dans les grands aéroports français, comme ici à Lyon Saint-Exupéry. Objectif : prévenir les menaces et réagir aux actions terroristes.

2003

UN MIRAGE IV P POUR LES NATIONS UNIES

L'armée de l'air apporte sa contribution aux moyens de lutte contre la pollution de la côte atlantique après le naufrage du pétrolier *Prestige*. Dans le cadre du plan *Polmar*, une centaine d'aviateurs sont déployés pour participer au nettoyage du littoral et un Puma de l'escadron d'hélicoptères 1/67 « Pyrénées » est chargé de réaliser des missions de reconnaissance aérienne.

Afin de renforcer les missions d'inspection effectuées en Irak par la commission des Nations unies, deux Mirage IV P de l'escadron de reconnaissance stratégique 1/91 « Gascogne » et deux C-135 FR du 93e escadron de ravitaillement en vol « Bretagne », rejoignent le Golfe. Du 26 février au 18 mars, plus d'une quinzaine de missions de reconnaissance sont effectuées.

Les Nations Unies votent une résolution autorisant le déploiement d'une force multinationale d'urgence à Bunia (République démocratique du Congo). Sous l'égide de l'Union européenne, la France prend le commandement de l'opération *Artémis*. À partir du 4 juin, une force intérimaire d'urgence y est envoyée afin de stabiliser la situation. Une base opérationnelle avancée, chargée de soutenir les forces engagées dans l'opération et d'accueillir un groupe de transport opérationnel, est implantée à Entebbé (Ouganda).

PREMIÈRE LIVRAISON DE RAFALE

Après avoir soufflé ses cinquante bougies en mai 2003, la *Patrouille de France* entame une tournée en Asie et au Moyen-Orient de plus d'un mois et demi. Ce voyage marque un événement particulier : l'ouverture de l'année de la France en Chine. Au programme, Abu-Dhabi, Pékin, Hong-Kong, Kuala-Lumpur, New-Delhi et enfin Amman. L'ambassadrice de l'armée de l'air porte toujours plus haut et encore plus loin les couleurs de la France.

Les trois premiers Rafale biplace sont livrés en décembre à Mont-de-Marsan. Le B 304 est le premier à entrer en service au sein de l'armée de l'air au centre d'expériences aériennes militaire. Leur dérive arbore l'emblème de l'escadron de chasse 5/330 « Côte d'argent ». Cet appareil, dernier fleuron de Dassault est destiné, à terme, à remplacer le Mirage F1, le Jaguar et une partie des Mirage 2000.

Pour assurer la sécurité générale des cérémonies commémoratives du 60e anniversaire du débarquement et de la libération de la France, l'armée de l'air active une base interarmées de mise en œuvre d'aéronefs sur le site de Caen-Carpiquet, en Normandie. Cette dernière est chargée d'assurer l'accueil, le soutien logistique des différentes unités et le support des appareils d'État. Des unités de détection et de contrôle fixes ou mobiles, de défense sol-air, de télécommunications et de protection de l'armée de l'air sont stationnées aux alentours.

2005

NATO RESPONSE FORCE

La région du Cachemire (entre Pakistan et Inde) est victime d'un séisme frappant douloureusement les populations pakistanaises et indiennes. Deux jours après le séisme, la composante « Air » de la force de réaction rapide de l'OTAN (Nato Response Force, NRF 5), commandée par l'armée de l'air française, entre en action. Un pont aérien entre l'Europe et le Pakistan est mis en place pour acheminer plus de 1 200 tonnes d'aide humanitaire auprès des populations sinistrées.

Le Mirage IV et le Jaguar rejoignent tour à tour le livre des légendes de l'armée de l'air. Moment historique pour ce vol en patrouille d'un Mirage IV de l'ERS 1/91 « Gascogne » et d'un Jaguar de l'EC 1/7 « Provence », accompagnés d'un Rafale de l'ECE « Côte d'Argent », le dernier-né de la famille Dassault, qui est capable d'effectuer, à lui seul, la quasi-totalité des missions aériennes (chasse, reconnaissance, dissuasion).

Après *Hélios II-A* en décembre 2004, le programme *Syracuse III*, satellite français de communications militaires, est lancé depuis la plate-forme guyanaise. À cette occasion, des hélicoptères Fennec, armés de canons de 20 mm, embarquant des tireurs d'élite, sont prêts à intervenir dans le cadre des mesures actives de sûreté aérienne (MASA).

À la suite du tsunami qui a dévasté les côtes d'Asie du sud, la France déclenche l'opération d'assistance humanitaire *Béryx*, dépêchant les premières aides et les premiers secours. En plus des Airbus et C-135, l'armée de l'air déploie des Transall sur le site de Médan pendant près de deux mois pour acheminer 300 tonnes de fret humanitaire vers les zones sinistrées.

2006

CARACAL SUR TOUS LES FRONTS

En décembre, deux Caracal sont acheminés à bord d'un Antonov An-124 pour rallier la capitale afghane. Ils assurent le transport de troupes, le transport logistique et sanitaire au profit des alliés. Les appareils sont dotés d'une mitrailleuse, d'un lance-leurres et d'un dispositif de vision nocturne.

La mise en service opérationnel fraîchement validée, deux hélicoptères EC-725 Caracal de l'EH 1/67 « Pyrénées », habituellement stationnés à Cazaux, sont déployés, en juillet, vers le Liban dans le cadre de l'opération *Baliste* pour évacuer les ressortissants européens.

Dans le cadre de la lutte contre le terrorisme international, les Mirage 2000 D, Mirage F1 CR et C-135FR sont de retour en terre afghane. Déclenchée depuis le 26 mai, l'opération *Serpentaire 2* contribue à améliorer la sécurité du pays. La force aérienne française vient renforcer la puissance aérienne de la force internationale d'assistance à la sécurité (FIAS).

Le 20 avril, les premiers Rafale arrivent sur la base aérienne de Saint-Dizier. Le 27 juin, le Premier ministre et le ministre de la Défense président une cérémonie de mise en service opérationnel. Une nouvelle page de l'histoire de l'aviation militaire est ouverte. La veille, une patrouille prenait l'alerte opérationnelle sur la base aérienne de Mont-de-Marsan.

2007

AU CŒUR DE L'AFGHANISTAN

Solidaire de l'Otan, la France assur
pour la première fois, la permanenc
opérationnelle au profit des trc
États baltes (Lituanie, Lettoni
Estonie), incapables de garan
leur propre dispositif de sûre
aérienne. Quatre Mirage 2000 R
des escadrons de chasse 1/
« Cambrésis » et 2/12 « Picardie » c
la base de Cambrai réalisent cet
mission pendant quatre mois depu
la base de Siaulaï, en Lituani

Le système intérimaire de drone MALE (moyenne altitude longue endurance) réalise son premier vol sur la base de Mont-de-Marsan. Ce vol fait partie de la phase de réception du système, avant que l'équipe de marque du CEAM ne conduise l'expérimentation. Complémentaire des moyens de reconnaissance existants, il offre des capacités de surveillance et de transmission en temps réel au profit des autres armées ou d'autres ministères. Piloté à distance grâce à une liaison de données satellite, il peut transmettre les informations en s'affranchissant de limites de portée des moyens de radiocommunication traditionnels. Il est capable de voler durant plus de 20 heures et de recueillir du renseignement d'origine image (ROIM) à l'aide de capteurs tout temps.

À la fin septembre, les trois Mirage 2000D, basés jusqu'à présent à Douchanbé, sont redéployés sur la base otanienne de Kandahar, dans le sud-est de l'Afghanistan. Ce transfert renforce l'efficacité des avions de combat. Ils seront successivement rejoints par des détachements de Mirage F1 CR et de Rafale. Au printemps, le Rafale avait réalisé son premier déploiement sur le théâtre, moins d'un an après sa mise en service opérationnel. Le 1er avril, le premier tir en opération d'une bombe de 250 kg guidée laser était effectué par un Rafale, afin de dégager des forces américaines prises à partie par des talibans.

671
ARMEE DE L'AIR
3-XK

2008

AASM : ARMEMENT GUIDÉ PAR GPS

En mission dans le sud de l'Afghanistan, un Rafale tire deux AASM (armement air-sol modulaire), guidés par GPS, le dimanche 20 avril. Une patrouille mixte, composée d'un Rafale et d'un Mirage 2000 D en alerte dans le ciel afghan, est intervenue en soutien de troupes et d'un hélicoptère pris sous le feu d'insurgés. La faible visibilité impose l'emploi d'un armement adapté aux conditions météo dégradées. Guidé depuis le sol par un contrôleur air avancé canadien faisant partie du convoi, le Rafale délivre, en quelques minutes, une première munition faisant but sur la position ennemie.

Depuis le lundi 5 mai, quatre Mirage 2000-5 de l'escadron de chasse 1/2 « Cigognes » de la base 102 de Dijon assurent une mission de surveillance de l'espace aérien islandais depuis l'aéroport international de Keflavik. Le détachement français, armé par 110 aviateurs assure cette mission jusqu'au 30 juin, dans le cadre d'*Air Islande 2008*.

Depuis le 1er octobre, trois Mirage 2000-5 de l'escadron de chasse 1/2 « Cigognes », assurent un déploiement permanent aux EAU sur la base aérienne 104 d'Al Dhafra. Un accord bilatéral a été signé entre le gouvernement français et les Émirats arabes unis après la visite à Abu Dhabi de Monsieur Nicolas Sarkozy, président de la République, le 15 janvier 2008. Les Mirage 2000 français exécutent les missions de défense aérienne identiques à celles réalisées en France. Ils participent également aux missions d'entraînement et aux exercices avec les Mirage 2000-9 émiratis.

Le plan *Morphée* rouge est déclenché le 18 mars en raison des violences infligées aux soldats français de la force de l'Otan au Kosovo. Un Boeing C-135 FR, équipé du kit médical spécialisé *Morphée*, décolle de la base d'Istres afin de rapatrier onze militaires blessés. Cette mission au Kosovo constitue la première mise en œuvre opérationnelle du système *Morphée* depuis son entrée en service, en juillet 2006.

LES CINQ FONCTIONS STRATÉGIQUES

Prévention : prévenir c'est agir pour éviter l'apparition ou l'aggravation des menaces contre la sécurité. La France affirme sa volonté de coopérer dans le domaine de la défense et de la sécurité notamment au travers de la conclusion d'accords de défense bilatéraux avec des pays d'Afrique et du Moyen-Orient.
Depuis le 1er octobre 2008, l'armée de l'air est présente aux Émirats arabes unis sur la base aérienne 104 d'Al-Dhafra.

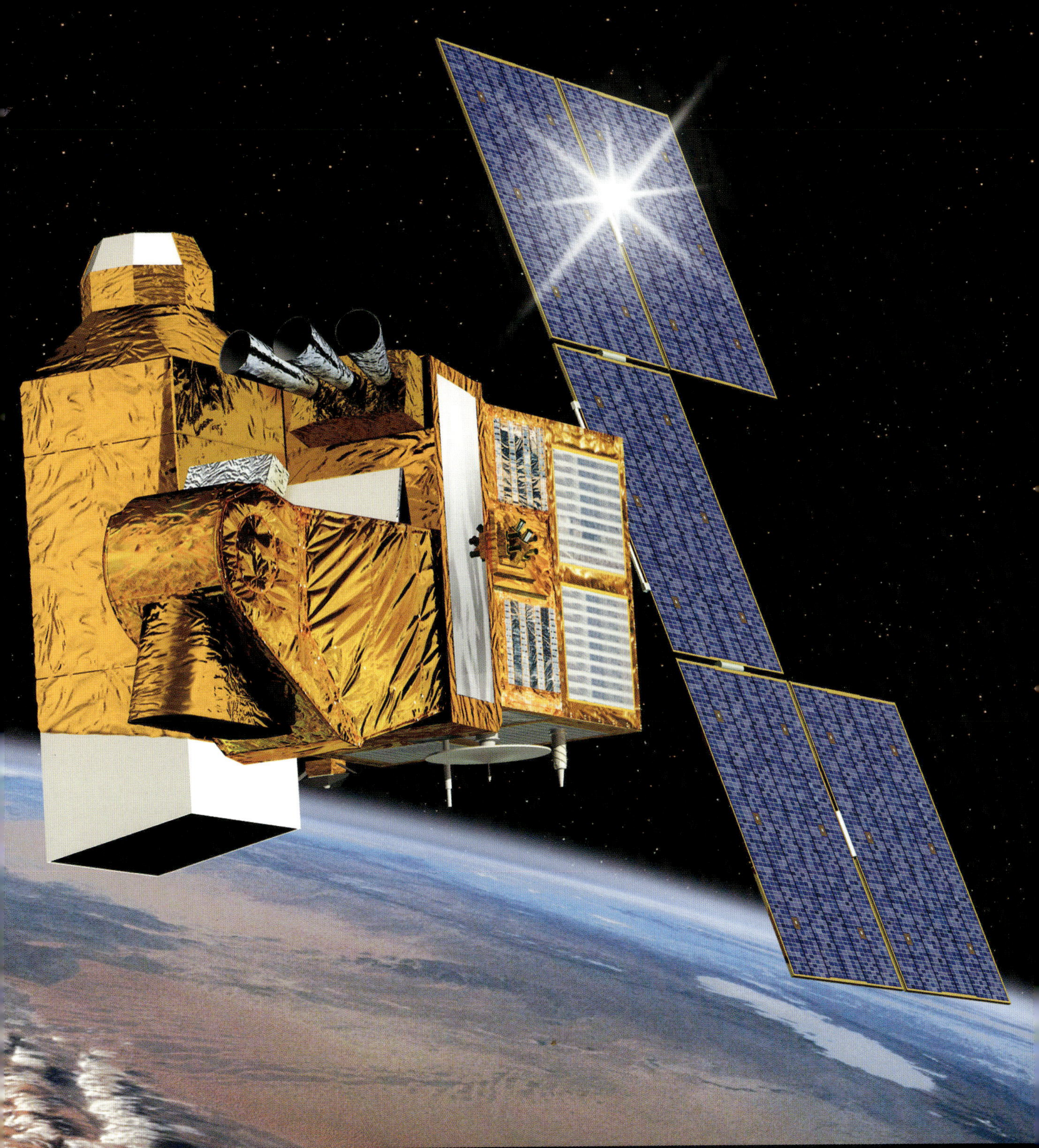

Connaissance et anticipation: être capable de connaître l'environnement stratégique et anticiper les menaces contribuent à donner à la France une autonomie d'appréciation, de décision et d'action en matière de défense et de sécurité nationale. Les capacités de renseignement d'origine image reposent sur des moyens complémentaires comme les satellites d'observation ou les drones. Le centre militaire d'observation par satellites (CMOS) de Creil, organisme à vocation interarmées à dominante air assure le traitement des données Hélios depuis l'élaboration des produits jusqu'à leur transmission vers les demandeurs de la Défense. Depuis le début du mois de février, le système intérimaire de drone MALE Harfang est déployé sur le théâtre afghan, à Bagram. Le système est mis à la disposition de la FIAS (force internationale d'assistance à la sécurité) pour réaliser des missions opérationnelles de collecte de renseignement, de jour comme de nuit, au profit des troupes de la coalition.

LES CINQ FONCTIONS STRATÉGIQUES

Dissuasion : la dissuasion est une arme strictement défensive, assurance-vie de la nation contre toute menace d'origine étatique, d'où qu'elle vienne et quelle qu'en soit la forme, contre les intérêts vitaux de la France. La troisième évaluation technico-opérationnelle du missile ASMP-A s'est déroulée le jeudi 26 mars. Cette opération, représentative d'une mission opérationnelle nucléaire, a constitué le dernier jalon de la validation du missile ASMP-A qui sera mis en service opérationnel au sein de l'escadron de chasse 3/4 « Limousin » à l'automne. La montée en puissance du programme ASMP-A va pérenniser et améliorer les capacités de frappe des forces nucléaires. La mise en œuvre opérationnelle du couple Rafale et ASMP-A au sein de l'escadron de chasse 1/91 « Gascogne » à Saint-Dizier constituera une étape significative de la dissuasion nucléaire.

Intervention : la capacité d'intervention de la France lui permet de garantir ses intérêts stratégiques et d'assumer ses responsabilités internationales. Les interventions de la France se situent nécessairement dans un cadre interarmées et s'inscrivent de plus en plus dans un cadre multinational. Dans un cadre international, la France a les capacités de jouer le rôle de nation-cadre.
Les avions de combat comme le Rafale offrent, grâce à leurs armements variés, une capacité d'intervention sur un large spectre d'opérations aériennes (frappes en profondeur, reconnaissance, soutien aérien aux troupes aux sol…). Depuis Kaboul, les hélicoptères Caracal de l'armée de l'air assurent au quotidien des missions très diverses de transport de troupes, d'évacuations sanitaires, d'intervention rapide et de soutien au profit des forces de la coalition.

SF

LES CINQ FONCTIONS STRATÉGIQUES

Protection : la protection de la population et du territoire français est au cœur de la stratégie de défense française, en raison de l'apparition des nouvelles vulnérabilités auxquelles ils sont directement exposés. L'objectif est de protéger la nation face à des crises de grande ampleur, tout en augmentant sa capacité de résilience. La prochaine mise en service du système de défense sol-air moyenne portée terrestre (SAMP/T) dans l'armée de l'air symbolise la modernisation de la fonction « protection ». Le SAMP/T apporte une capacité de défense sol-air moyenne portée contre les avions et les missiles de croisière ainsi qu'une capacité de protection des forces sur un théâtre d'opération extérieur contre les missiles balistiques de première génération. Avec le système GRAVES, la France accède à la capacité stratégique de la surveillance de l'espace extra-atmosphérique. Le système GRAVES concourt à l'accroissement des compétences de l'armée de l'air dans la mise en œuvre des capacités spatiales de la Défense. Il a été mis en service opérationnel fin 2005 par le commandement de la défense aérienne et des opérations aériennes (CDAOA) qui assume, depuis 1994, la mission de surveillance de l'espace.

POSTFACE

Arrivé au terme de cet album, après avoir voyagé dans le temps et sur tous les continents, de nombreuses images reviennent en tête. L'une d'elles est frappante, qui traverse l'ouvrage et s'impose au fil de la lecture : c'est la passion et le professionnalisme qui habitent tous les aviateurs à travers les générations. Certes, les combinaisons de vol ne sont plus tout à fait les mêmes. Bien sûr, les uniformes changent avec le temps. Mais les hommes qui les revêtent sont toujours animés par les mêmes valeurs et la même foi dans leurs missions. Selon moi, les pilotes s'apprêtant à partir en mission le lundi 6 novembre 1939 ne dépareraient pas sur le cliché pris à Dijon, 45 ans plus tard, à l'occasion de l'arrivée des premiers Mirage 2000 au sein des forces.

Quelle sera la suite de cet ouvrage ? Quelles images illustreront les 50 prochaines pages ? Il appartiendra aux aviateurs d'aujourd'hui et de demain de les écrire. Je sais que les futures générations sauront se montrer à la hauteur des tâches qui les attendent et y répondront avec le même enthousiasme que leurs aînés.

Sans doute, leurs moyens évolueront-ils ! Le Rafale semble déjà à l'étroit dans ces pages et les futures versions se révéleront encore plus performantes. L'A400 M, le MRTT (*Multirole tanker transport*), le SAMP/T (sol-air moyenne portée terrestre), le SCCOA (système de commandement et de conduite des opérations aériennes) prendront de plus en plus de place. Parfois, les équipages ne seront plus photographiés à l'intérieur de leur avion, mais au sol, à guider les drones vers leurs objectifs.

Enfin, le fond de certaines pages se noircit et se constelle d'étoiles. Le ciel tend à s'évanouir pour laisser la place à une étendue encore plus vaste. Les aviateurs n'ont eu de cesse d'aller toujours plus vite, plus loin… et plus haut. Il serait surprenant qu'ils ne participent pas très activement à l'aventure spatiale de notre pays, comme l'ont fait les premiers spationautes.

Le général Stéphane Abrial
chef d'état-major de l'armée de l'air

Service Historique de la Défense

En vertu du décret 79-1037 du 3 décembre 1979 sur l'organisation des archives en France, le ministère de la Défense conserve, classe, inventorie et communique ses propres archives. Comptant parmi les plus importants centres d'archives de France, le Service historique de la Défense (SHD), héritier des services historiques des armées et de la Gendarmerie, a été créé le 17 janvier 2005 : il exerce ces prérogatives sur les archives historiques et définitives provenant des grands services du ministère de la Défense, de l'état-major des armées, ainsi que des armées, de la délégation générale pour l'armement et du secrétariat général de la Défense nationale. Un de ses départements collecte et conserve ainsi les archives de l'armée de l'air.

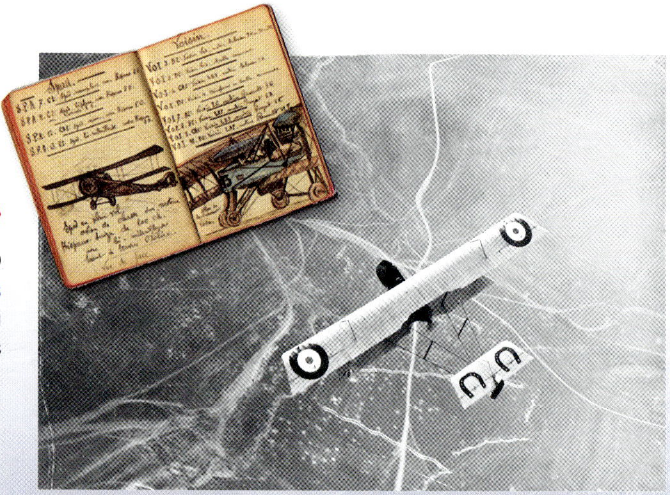

Les fonds publics que conserve le SHD s'enrichissent de documents figurés et d'archives entrées par voie extraordinaire (dons, acquisitions…), ainsi que de milliers d'ouvrages et de périodiques spécialisés dans l'histoire des armées, des conflits et des techniques, confiés à ses bibliothèques.

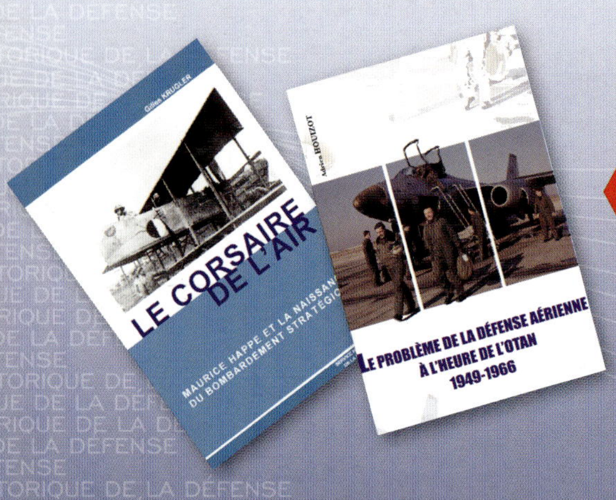

Indissociable de la gestion des fonds, la recherche historique au SHD répond au souci d'exploiter et de valoriser les archives de la Défense, tant par des travaux menés au profit de l'institution que par un soutien à la recherche scientifique et par les contributions de ses chercheurs à l'historiographie militaire.

www.servicehistorique.sga.defense.gouv.fr

Gardien des traditions des trois armées et de la gendarmerie, le SHD gère aussi un important patrimoine symbolique, majoritairement constitué de drapeaux, de fanions et d'insignes.

Le SHD assure la communication au public de ses fonds et collections dans ses salles de lecture situées à Vincennes, Châtellerault, Caen, Cherbourg, Brest, Lorient, Rochefort et Toulon, ainsi que leur mise en valeur par des publications, des colloques et des prêts à des expositions. Il édite des ouvrages d'histoire et de symbolique militaire, des travaux universitaires, des instruments de recherche et une revue trimestrielle, la *Revue historique des armées*.

© SHD / D. Viola

CET OUVRAGE A ÉTÉ RÉALISÉ :

au Service d'information et de relations publiques de l'armée de l'air

sous la direction du colonel William Kurtz, chef du Sirpa air

coordination :
commandant Jérôme Blanc, chef du département Éditions du Sirpa air

conception graphique :
adjudant Benoît Arcizet, chef de la section création graphique du département Éditions

travaux photographiques :
Sylvain Perona, sergent Sébastien Millet, sergent Alexandre Lhonoré

Le Sirpa air remercie tous ceux qui ont donné de leur temps à ce projet

au Service historique de la Défense

sous la direction d'Agnès Chablat-Beylot, conservateur en chef du Patrimoine,
chef du département de l'armée de l'air (DAA)

conception et rédaction :
Jean-Yves Lorant, responsable de la photothèque du DAA, Stéphane Bréard et Franck Fusibet, photothécaires, et Marie-Catherine Villatoux, chargée de recherche au DAA,
avec la collaboration de Daniel Hary, du capitaine Serge Mimouni, de l'adjudant-chef Bernard Palmieri, du DAA, ainsi que de Marcellin Hodeir et de Thibauld Mazire, du département publics et valorisation (DPV)

numérisation :
Hervé Grimaud, Philippe Lacotte, Christian Marin et Dominique Viola (DPV)

Les auteurs remercient pour ses conseils le général (2S) Hugues Silvestre de Sacy

CRÉDITS PHOTOGRAPHIQUES :

Conservées par le Service historique de la Défense, les images de cet ouvrage ont été réalisées par les services de communication de l'armée de l'air (Sirpa air) et les services photographiques des bases aériennes.
Quelques unes proviennent des fonds privés suivants :
Lebourg (p. 13), Bardet (p. 17), Monraisse (p. 24), Lafont (p. 26), de Rancourt (p. 31), Gensonnet (p. 32-38), Ferré (p. 39), Castaing (p. 40), de Heaulme (née Geneviève de Galard, p. 41), Bazot (p. 41), Lepage (p. 41), Simorre (p. 42), Santini (p. 46-47), Para (p. 50), Delachenal (p. 52), Rogino (p. 52-53), Thepin (p. 59) et Jouaneaux (p. 70), journal *Midi Libre* (p.155) et Paringaux (p. 160).

Achevé d'imprimer en juin 2009 sur les presses de :

SIO
33, rue du Bois Galon
94120 Fontenay-sous-bois

Dépôt légal : juin 2009

ISBN : 978-2-1109-6340-6

ARMEE DE L'AIR